文学·艺术·生活·时政·旅游·健康

六角丛书

百年时尚符号

叶军 刘晓宁等 著

武汉大学出版社
WUHAN UNIVERSITY PRESS

图书在版编目(CIP)数据

百年时尚符号/叶军,刘晓宁等著.—武汉:武汉大学出版社,2012.9
六角丛书
ISBN 978-7-307-10090-9

Ⅰ.百… Ⅱ.①叶… ②刘…[等] Ⅲ.社会生活—史料—中国 Ⅳ.D669

中国版本图书馆 CIP 数据核字(2012)第 189769 号

责任编辑:聂勇军 张文婷 责任校对:王建 版式设计:韩闻锦

出版发行:**武汉大学出版社** (430072 武昌 珞珈山)
(电子邮件:cbs22@whu.edu.cn 网址:www.wdp.com.cn)
印刷:武汉中科兴业印务有限公司
开本:815×1000 1/32 印张:6.25 字数:108 千字 插页:1
版次:2012 年 9 月第 1 版 2012 年 9 月第 1 次印刷
ISBN 978-7-307-10090-9/D·1183 定价:13.00 元

六角丛书

序

追寻百年之美

周　劼

法国作家法朗士说："如果我死后还能在无数出版书籍之中有所选择，你想我将选什么呢？……我仅要选一本时装杂志，看我死后一个世纪中妇女如何装束。妇女装束能告诉我未来的人文，它胜过一切哲学家、小说家、预言家及学者所言。"

法朗士写这段话时距今正好大约百年，所以当我们今天拿起一本时尚杂志，似乎是接住从百年前、万里外的历史之流中穿越来的漂流瓶，它打开那个时代的时尚记忆，我们打开这个时代的时尚资讯，两相对照，读出的是什么？说不尽的酸楚还是欣慰？

其实，法朗士的话也像是漂流瓶的一个回响。几千年前的庄子说："嘉孺子而哀妇人。"近百年前的周作人阐释此语：看一个人，得看他对儿童和妇女的态度，如此就能衡量他的善恶美丑智愚了。

他的意思和法朗士意思的交集处就在女人。只不过一个说社会，一个说人性。

看一个社会，一个时代，一个城市，就如同看一个人，看它和他对女人的态度，就能读出它和他的理性和人性。一个社会、时代和城市，越能放纵女人，越能包容女人，我们就越能体会其中的宽容、轻松、自由和美的精神。而这些精神发之于外，转化成物质化的事件，就是时尚。

压抑和扭曲的时代，是没有时尚的，就像几百年前到百年前的人，穿着同样的衣饰，流露出同样的眼神，经历着同样的命运。

我们这个国家几个主流城市，从近代开埠以来，传统逐渐接纳现代，东风逐渐追逐西风，江河逐渐汇入海洋，慢慢有了时尚，有了女人主导其中的潮流，并且一发而不可收拾。其中的风云际会、曲折艰辛，的确胜过哲学家、小说家和预言家所说的一切，所缔造的“未来的人文”：对美的追求，不屈不挠；对幸福的追求，热烈泼辣。也让这些时尚有了地域的烙印，就像汉味、海派之类。

而且此刻的百年对我们这些城市更有特殊的意义。辛亥的巨变，让历史在百年前关闭一扇窗，又打开一扇门，一扇回归人性、追求自我、解放身体的门，让时尚更有了继往开来的沉重感。

时尚不仅在于旗袍、高跟鞋的求新求异，还在于着装的举手投足，这是一波波潮流起落所沉淀下来的韵味和性格，哪怕物质的东西不在，那眼神做派却自然流露。

但时光无情，随着一辈辈人的日渐老去，往日熟悉的场景也变得斑驳依稀，如果不去挽留记忆，就会变成永久的遗憾。

这就是我们策划此本《百年时尚符号》的动机。我们分派几路记者，挖掘资料，实地探访，追寻当事者。在这条百年漫长的历史之途中，起点和沿途一次次抛下的漂流瓶在我们这里汇聚，我们收集珍藏呈现，花样年华里有新旧对比的惊奇，更有一以贯之的美。

是为序。

2012 年 9 月

Contents
目 录

百年旗袍：一部身体的抗争史

20年代：女人脱“壳”而出

“1921年，女人穿上了长袍……”——张爱玲在《更衣记》里写道。她说的长袍，就是被称为“Chinese Dress”或“Mandarin Dress”的旗袍。

1870年代，苏格兰摄影师约翰·汤姆逊来到中国，行程8000公里，拍摄了很多晚清碎影。其中有一张穿着旗袍的新娘，虽然头上环佩叮当，胸前和袖边大镶大滚，有一种繁复夸张的喜庆，但摄影师笔记里写道：“和她盛装相对的却是忧郁的眼神。”晚清旗袍之下，他看到的是严酷礼教之下的压抑和不乐观的命运。

汤姆逊1921年去世，他不会想到，在他拍摄旗袍照片的50年后，旗袍却变成女性身体解放和个性追求的符号。当然，这50年是中国发生巨变的时期。

约翰·汤姆逊镜头下穿旗袍的新娘

注：清代旗袍和现代旗袍一样采用高领设计，但身幅要宽大得多。在大清朝时，穿衣是讲尊卑的，满族女子和汉族女子的穿着有严格区分。比如满族女子可穿长袍，汉族女子只能着裙装。满族妇女可梳双头髻，汉族妇女则断不能梳。

武昌起义的清脆枪声，终结了绵延数千年的封建帝制。辛亥革命之后，女人的穿戴也出现斗转星移的一幕。满族妇女因担心受革命牵连，改穿汉服。汉族女子则改着旗装，且有越来越盛之势。

但女人总还是受忽视。1912 年 6 月，民国政府公布礼服服式，对男子礼冠、服、履都作了详细规定，以区别于前清，却把妇女弃之门外，理由是女性相夫教子，没有社交的需要。

欲望越是压抑，越具有冲决而出的力量，尤其是在上海、武汉、天津这些早年就开埠的城市，一种现代意义上的旗袍就是在这种情势下横空出世的。

对于它何时出现，众说纷纭。有一种版本是，1920年代，上海私立女子学校的一位女中学生将西洋服装的收腰设计与晚清旗袍放到一起，设计出长马甲和短袄合二为一的东方时装，并于此时才将它正式命名为“旗袍”。

此时的旗袍与晚清旗袍有了本质不同。在过去封建礼教的氛围中，女人的身体是蛊惑人的东西，最好包藏于内，所以传统旗袍的裁制一直采用直线，胸、肩、腰、臀完全平直，衣身宽松，以使女性身体曲线毫不外露。新面世的旗袍却将女人从束腰裹臂的层层帐幔中剥离了出来。

这一步对女人来说不能不说是极大的跨越。

要知道，当时不论汉满，女人穿衣都是“宽大为怀”，不见腰身的。在晚清著名的《点石斋画报》上，中国女子穿的都是一个样子——宽大过膝的长衫，下身是裤或裙，再配上一双小脚。

旗袍一出，即成时尚。

紧随上海之后，武汉街头也出现了旗袍的身影。武汉是首义之城，当时对外贸易吞吐量在国内仅次于上海，对一个风云际会、滚金流银的大都市来说，对于时尚的捕捉向来是敏锐的。

1926—1927年，宋庆龄来到武汉，从事革命工作。在此前后，她也尝试穿着旗袍。一位外国记者在武汉看到："宋庆龄穿着中国端庄的黑色旗袍，高领，右边扣袢，短袖，袷上镶有花边。头发平滑地向右梳，在后脑紧紧地挽成一个结。"这位记者不由感叹："我绝对不敢相信，面前这位有着优雅外貌、身体虚弱且有点儿腼腆的女子就是夫人本人，就是当今世界上最受尊重的女革命家。"

身穿旗袍的宋庆龄

在当年的新女性那里，旗袍绝不仅仅是美丽的服饰，它甚至有一种革命的意义。

1929 年 4 月，民国政府公布了有关服装的条例，正式将旗袍定为“国服”，规定旗袍为：“齐领，前襟右掩，长至膝与踝中点，与裤下端齐，袖长至肘与手脉中点，色蓝，纽扣六。”

30 年代：旗袍的黄金时代

身体的最动人之处不就是衣衫的开裂处么？两条边线之间，肌肤的时断时续；就是这闪现本身，更确切地说，这忽隐忽现的展呈，令人目离神迷——罗兰·巴特（法国理论家）

1. 改良旗袍的经典之作

女人一旦爱上旗袍，就放不开手了。1930 年代，女子最典型的打扮即是：烫发、高跟皮鞋和修长入时的旗袍。

汉剧名伶陈伯华就很爱穿旗袍。1934 年，陈伯华正以“小牡丹花”的艺名名噪武汉三镇。这一年，梅兰芳偕同谭富英、金少山来汉演出。在欢迎宴会上，作为武汉演员代表的陈伯华穿一件色彩鲜艳的蜜黄色旗袍，着淡青色坎肩，项上束白绸围巾，清丽又妩媚。梅兰芳先生则身着男装，彬彬有礼。这是陈伯华与梅兰芳的首次会面。众人看了梅兰芳，再看陈伯华，或者看了陈伯华，再看梅兰芳，无不赞叹，惊为天人。

胡蝶也很喜欢穿短旗袍，她常穿的旗袍长度缩至膝盖下，袖子到肘上，整个小腿和小臂袒露无余，但在旗袍下摆缀上三四寸长蝴蝶褶，短袖口也缀上蝴蝶褶。因为“蝴蝶”与“胡蝶”谐音，胡蝶穿的这身既含蓄又简约的旗袍，就被称为“胡蝶旗袍”。

相比胡蝶穿着上的“含蓄”，电影明星顾兰君则大胆得多，她的旗袍在左侧开长衩至大腿根部，还又在袖口开半尺长大衩。这种“顾兰君式”旗袍，在沪上风靡一时。著名“交际花”薛锦园，喜欢精致雍容的情调，她最爱在旗袍四周镶上珍珠花边。因为常在南京路大东舞厅和静安寺百乐门舞厅亮相，所以这款“薛锦园式旗袍”也随之流行上海滩。

知识女性就不爱亦步亦趋了。张爱玲虽然爱穿旗袍，但不赶时髦，总是自己画出旗袍样式，交给时装店裁制。

叶秋心，汉口人，1913 年生，少年时曾就读于汉口圣罗以女中（今武汉二十中）。1933 年，因与著名影星胡蝶合演《孽海双鸳》，从而一炮打响，红遍大上海。1934 年，她被《良友》杂志评选为全国八大明星之一。八大明星之一的徐来，被影界誉为“标准美人”，叶秋心容貌更胜徐来，被冠以“模范美人”称号。

叶秋心

1934年10月，叶秋心登上当时最畅销的时尚杂志《良友》封面。可以看到，叶秋心当时所穿旗袍，已由以前的直线型设计改为收腰式，旗袍的摆线也提高至膝下。从裁剪的方法到结构都更加西化，采用了腰省和胸省，打破了过去旗袍无省的格局。肩缝和装袖第一次被旗袍吸纳，从而使它的肩部和腋下变得更为合体。新式旗袍的色调力求淡雅和谐，总体上显得简洁方便。

这样的旗袍被称为改良旗袍，所谓"改良"，就是将旧有不合理的结构改掉，使袍身更为适体和实用。改良旗袍最大的变化还是胸围和腰围，从原先1920年代宽身、直统的样式改到窄细、贴身，有的甚至窄到要吸口气才能扣上纽扣，比现在的牛仔裤还要紧身。

到1934年后，旗袍造型逐渐完美成熟，使得以后的旗袍始终难以跳出该种外形，只能在长短、胖瘦及装饰上略作变化而已。

这一时期旗袍还传至国外。上海鸿翔公司1933年加工制作了六套色彩绚丽的旗袍带到美国芝加哥世界博览会参展，获得银奖。

2. 变无止境——身体的自由和出位

1930年代，外国服装的源源输入，各大报刊开辟的服装专栏，还有红极一时的月份牌时装美女画的推波助澜，使旗袍的发展达到顶峰。

武汉作为中国重要通商口岸和商品集散地，来自各地的商品广告五花八门。

武汉收藏家联谊会文献资料专业委员会主任肖琴学收藏有不少1930年代张贴于武汉三镇的广告，如当时著名的上海品牌夜来香，其包装采用上海当时最流行的月份牌女郎的画法，广告上的女人卷发，穿大花旗袍，开衩处露出细嫩的小腿，体态丰腴，扭摆着腰肢，显得富足，又带几分任性。

当年汉口对外贸易兴盛，旗袍面料包括纱、绉、绸、缎、花呢、棉，十分丰富，甚至有皮做的旗袍。许多绸缎号财大气粗，常有绸缎号在武汉报纸头版刊登整面广告，面料名称也是亦中亦西，

1930 年代的旗袍广告

如，蜜司绒，福特呢，柳荫绉，直贡绉，罗宫绉，金缕缎等。

其中，女人们尤爱以蓝色为基调的阴丹士林布作为中式旗袍的面料。阴丹士林布以其不易褪色的品质深受 20 世纪三四十年代中青年女性的喜爱。那时的时尚女性春秋季是一袭阴丹士林蓝旗袍，冬季则是长棉袍外罩阴丹士林蓝大褂，长围巾直垂至膝。阴丹士林是那个时代的流行密码。

当年的武汉一家人上街，在今人看来是颇具混搭效果的。那时，男人穿西装者还不多，多是长

阴丹士林色布宣传广告

袍、马褂打扮，只是添了一顶西式礼帽。女人则是卷发、高跟鞋、旗袍，孩子则是西式小衬衫加短西裤或者裙子，这就是当时一家三口的普遍穿着。

1934 年 9 月，《武汉日报》上一则秋衣广告十分有趣，“国货——维也纳，做长衫经济，做旗袍美观，做童装耐洗”。提倡国货，却冠之洋名；消费对象是一家人，个个兼顾，滑头的商家真是一个都不得罪；至于讨好女人，说一个词就足够了，那就是旗袍。此时，在女人心里，旗袍已成为美丽代名词。

不过，此时的旗袍还像武汉的天气，冷热不定，变来变去。从清汤挂面的样子，到加上胸省、腰省，曲线尽显；领子先低后高，再至腭下继而至耳，以修饰脸型，再又因为领太高转身困难而降低；旗袍长度，也先至小腿，后流行长款，尤其是1934年，一度拖至地面；开衩也高高低低，从小腿，到膝盖，再到大腿根部，甚至露出臀围。

武汉女人素来有豪情。有过来人回忆，当时的武汉女人穿着高开衩的旗袍，坐在公交车上，旁若无人，跷着腿，还要抖三抖。

女人对身体的释放没有止境，直到触碰社会和舆论的底线。

到1934年，在社会压力下，武汉市政府不得不出台法令，取缔一批奇装异服，其中包括高开衩的旗袍，由政府发文规范旗袍开衩高度，从中依稀可见旗袍当年出位之程度。

40年代：白海记——老汉口的华丽记忆

1. 旗袍“别裁派”

1940年代，受抗日战争影响，尺丝寸缕昂贵，奢靡华贵之风渐少，旗袍长度短至小腿中部，最高时到膝盖，袖子也越来越短，甚至干脆无袖，领口绣花也一省再省。简约的风格无心插柳，倒更彰显了旗袍的曲线之美，也凸显了中国女人不事张扬中尽显妖娆的气质。

这一时期，旗袍不再一枝独秀。旗袍搭配大衣、马甲等，花样繁多，尤其是出现了“别裁派”，即在旗袍局部加入西式元素，如荷叶领、西式翻领、荷叶袖等，或用左右开襟的双襟，旗袍式样更加多元。“别裁派”的另一个特点是与西式外套搭配，这使得旗袍可与多种现代服装组合，用现在的话来说，它已经“国际化和现代化”了。

1940年代旗袍穿着范围更加广泛。学生校服、工人制服、日常便服与正式礼服，都采用旗袍式样，只不过具体款式各有千秋。旗袍的样式很多，开襟有如意襟、琵琶襟、斜襟、双襟；领有高领、低领、无领；袖口有长袖、短袖、无袖；开衩有高开衩、低开衩；还有长旗袍、短旗袍、夹旗袍、单旗袍等。

在1940年出版于武汉的《罗宾汉报》上，开辟有“非非集”栏目，所写全是武汉三镇的市井小事，所配漫画却是明星脸，周璇、陈娟娟等都是常客，她们或逛街或居家，所穿服饰均为旗袍。当年应无侵权一说，明星才可化身市井小民，非实非虚的报道方式实乃报章一绝。

2. 完美旗袍

旗袍鼎盛，造就了著名的品牌——白海记。1940年代，白海记在汉口风行一时。从各界名媛，到寻常女人，都以有一件白海记旗袍为傲。

白海记的创始人白海山是湖北黄陂白家湾人，他16岁到黄陂桃园学便装手艺，后到郑州、上海等地学艺。1938年在汉口华清街兴康里自设白海记成衣店。创业时只有白海山夫妇及其弟白荣山三人，一台缝纫机，铺面仅十平方米左右。到后来，白海记发展到名满三镇、享誉中外的程度。

1980年，闵敏在19岁那年进入白海记当学徒。进去需要考试，师傅先看手。做旗袍要心灵手巧，没有一双巧手的人难进白海记的门，好在闵敏有一双纤长细腻的手，这一关算是通过了。

初进白海记，还不能做旗袍，先要学盘扣。旗袍盘扣是纯手工制作，用宽约一分，最长两尺五六的细布条，用镊子卷成不同的花卉图案，最后再用针线固定花形。

盘扣要做到什么程度？师傅发话：要有看头。怎样才叫有看头？师傅说了：蝴蝶扣看起来像要振翅欲飞，梅花扣要像梅花正在盛开一样。做到这个境界，只有一个诀窍：心无杂念。

对于一个19岁的女孩来说，这也太难了吧。闵敏还记得自己做蝴蝶扣的时候，蝴蝶翅膀怎么都做不好，眼看快做好，手一哆嗦，又前功尽弃。做好的蝴蝶扣，也因为不平整、硬度不够，或没有韵味，入不了师傅的法眼，被师傅毫不客气地给拆了。拆到后来，闵敏实在受不了了，一心要离开白海记。这时师傅反过来又鼓励她，给她讲自己的经历。

师傅是一位奇人，爱旗袍如命，第一次考白海记落榜，再考才进了白海记。师傅平常做旗袍，纤毫必较，追求的是完美二字。白海记凝结了白海山一生的心血，不能把牌子做砸了，这是师傅常说的话。

闵敏最终留了下来。盘了大半年旗袍扣子，终于有机会做旗袍了。一起考进白海记的人，有不少因为无法坚持，最终离开了白海记。

旗袍的制作是相当精细的，用裁缝师傅的行话说，叫掐斤掐两，不能多一分，也不能少一分，要依着人的身体，宛如人的第二道肌肤。胸围要恰到好处，腰节需稍上，稍微拿捏不到位，人就会显得胸塌腰坠，整个人恹恹的，没有精神。

虽然成衣，尤其是高级成衣中少不了手工，但直至今天，旗袍仍是手工制作最多的服饰，不仅纽扣需要人工盘结，镶金、掐筋时也要手工制作，这样才能平顺服帖。

一般人会认为好身材才适合穿旗袍，其实，一件好的旗袍，对任何人都有修身效果。

在闵敏印象里，白海记做旗袍虽然异常严格，但并不死板。

白海记自创了很多旗袍纽扣。过去旗袍纽扣是单花，白海记发明了双花纽扣，使得纽扣花形饱满、均匀；以前琵琶扣只能打实心花，白海记却发明了打空心花，这样扣芯处就能映衬出旗袍整身的图案，显得空灵、俏皮。

1980年代的白海记刚刚从动荡中恢复，百废待兴，却从这一针一线、轻拢慢捻中依稀看出当年的影子。

50年代：旗袍的青春之歌和花样年华

1. 压箱底

新中国成立初期，旗袍流行如故，白海记名声不减当年，但是自1950年代后期到改革开放前的这一段时期，旗袍被说成是“四旧”、“封、资、修”。国家主席刘少奇夫人王光美出国访问时穿了一身旗袍，在“文革”中竟成了一大罪状。旗袍减产甚至停产，以生产旗袍为主的白海记，几经辗转，先后改名为红旗时装厂、海燕时装合作社、四新便装合作社、江岸时装合作工厂，直到1982年，白海记的招牌才重新被启用。

记者调阅了1950年代后期到1970年代初的《长江日报》，当时报上难见女性形象，即使有，也以群像居多，且面容模糊。那时，武汉人穿得最多的是蓝的、军绿色的衣服，衣身宽大，大家穿着都差不多，再漂亮的人显不出漂亮，再丑的人也显不出丑样。

仅在1979年5月3日的《长江日报》上，刊有《青春之歌》剧照，剧中的林道静穿着一身阴丹士林旗袍。

20多年时间里，旗袍烧了，甩了，或压了箱底。直到改革开放之后，一位80多岁的老人家到海燕制衣店，拿出一件旗袍，要求照着样子为她再做一件。老人说，压了箱底好多年，现在想穿了，又小了。听到老太的话，海燕感慨万千。

47岁的海燕1980年代随老公从鄂州到武汉开裁缝铺，此时正是旗袍重回人们视野的时期。

旗袍时隔多年再度浮出水面，是从新娘嫁衣开始的。

海燕还记得，那时，有一位准新娘拿来一块布料做旗袍，她强调要用倒光一面做正面，理由是色泽更为艳丽夺目。旗袍做好后，未婚夫来取，他却发了急，坚称海燕他们将旗袍做反了。因为当时买衣料时，两人一起前往，售货员再三叮嘱，含蓄暗淡的亚光一面才是正面。改革开放之初，人们的思想还很保守，男孩子觉得倒光的一面太艳了。双方争执不下，只得叫来女孩才解决了争端。

女孩穿上那件玫瑰色的旗袍时，所有人的眼睛都亮了：她白皙的脸庞在艳丽光泽的旗袍的映衬下，仿佛也披上了霞光，被旗袍包裹的身材则显得婉约知性。男友看得目不转睛，完全把扯皮的事抛到脑后了。美好的事物总是最有说服力的，也是压制不了的。海燕说，这件事莫说已过去30多年了，她一辈子都忘不了。

改革开放后，大量港台电影涌入，暌违日久，人们得以重睹旗袍的美丽。《花样年华》中，张曼玉换了23件旗袍，一名冷香端凝的女子在一件件花团锦簇的旗袍包裹下，时而矜持忧郁，时而雍容大度，每一件旗袍都代表着女主角的心情，不停变换旗袍，换不掉的是女人柔美成熟的气息。而在《色·戒》中，汤唯前前后后共换了27件旗袍，导演李安是要透过旗袍的款式与质地，点出女主角所面对的环境改变。

《色·戒》中，汤唯前前后后共换了27件旗袍

国门大开，旗袍作为中国女装的代表，频繁出

现在世界舞台。

法国著名时装设计师皮尔·卡丹说过，在我的晚装设计中，有很大一部分的灵感来自中国的旗袍。旗袍的笔筒袖，盘扣，曲线美，尤其是它娴静中显出妖娆，不事夸张里透露着性感的神韵，已成为一种国际认同的设计元素，化身到各类服装当中。

凡此种种，都重新唤起人们对旗袍的热爱。

改革开放30多年来，旗袍面料不断翻新，仅从真丝旗袍这一系列来说，就从真丝到重磅到重缎到真丝大王，纱质越来越精细，通风，散汗，而不走形，此外，常用的还有乔丝绒、夹棉甚至羊绒。旗袍制作工艺也有较大变化，襟上只装饰性保留盘扣，但标志性的大襟设计已不再，代之以侧面或背面拉链，缝合度更好，使胸前肩膀更为平整，女人穿着更为妩媚，也更舒服，领口和袖口的包边、镶金也更精致。

因为旗袍包裹很严实，为了满足年轻女性“透气”的需要，如今在给年轻女孩制作旗袍时，裁缝师傅会在胸前挖空一块，因为形如垂落的水滴，行话叫“一滴水”。外向开放者，水滴就会大一点。开衩也是一样，外向开放者，衩就会高开。

旗袍制作日新月异，但穿旗袍却渐渐变成小众的事。

2. 个性旗袍

海燕制衣店做了几千件旗袍，海燕自己却只有三件旗袍。她只在儿子一岁和十岁时穿过旗袍，平常很少穿着。在惠济路住了20多年，街里街坊已看惯了自己的休闲打扮，猛穿一身旗袍，有拿腔拿调之感，她说。

在武汉，有不少像海燕一样做了旗袍自己却不穿的女人。采访中接触到一位中年女人，事业有成。平日里，她是不苟言笑的职业女性，做了20多件旗袍，却全挂在柜子里，仅作观赏之用。

80后女孩张悦然也爱穿旗袍，不过在她看来，现在的女人有了更多渠道展示自我。不上班的时候，她更愿意穿着松松的衣裤，晒晒太阳。若想秀身材，也有大把服饰可选：修身内衣，热裤，露脐装……现在的女孩子可以性感得很随意、很自在、很休闲，一定要选旗袍吗？答案自然是否定的。而且穿旗袍，很受拘束，必须抬头挺胸，好累呀。

如今的旗袍更多时候是漂洋过海，去了国外，或在国际演出舞台上一展容姿。

改革开放后，曾为胡蝶、陈香梅、王光美等做过旗袍的上海老人褚宏生，为众多演艺界和文化界的名流做过旗袍。2000年，顺子的妈妈黄爱莲带了来自七个国家的40多个学生在上海演出，演员身上的旗袍就是找褚宏生定做的，《纽约时报》曾对此进行过报道。褚宏生的旗袍在日本更受欢迎，松井菜惠子和今井美树都是因为要穿不同的旗袍演出而经常往返于日本和上海之间。

真正在国外生活过的中国人，对旗袍怀有很深的情结。去年，一辆小轿车将海燕接到香格里拉饭店32楼。不一会儿，一位身材高大的老太太精神矍铄地前来量身。老太太对海燕说："你要把我的旗袍做魁梧一些，我要去干仗。"她一边说还一边挥舞着拳头。"难道您是拳击师？"海燕奇怪地问。老太太哈哈大笑："不，我干仗的地方不在拳击台上。"

闲聊中，老太太时而中文，时而英语，还让海燕猜她的年龄。海燕壮着胆子说："我估计，您大概有50多岁。"话音刚落，老太太又哈哈大笑起来："我前几年都已经过70了！"

后来，海燕知道她是中国驻美国华侨协会会长，姓方，祖籍汉川。在美国，经常和克林顿、奥巴马等政界要人打交道。

给方太太做的旗袍并没有刻意男性化，海燕已经知道了将旗袍"做魁梧一些"是什么意思了，一个有气势的女人是可以把旗袍穿出风骨来的。反过来，在一个女人心里，旗袍有时也是一种象征、一种支撑。

在国内，虽然不复20世纪三四十年代的辉煌，旗袍却永远有追随它的铁杆粉丝。

采访张莞笛的时候，天气微凉。她穿一件米色小西服，脖项间戴一个松松的咖啡色围脖。看她时尚的装束，匀称的身材，谁也不会想到，她刚升格做了妈妈。

张莞笛对旗袍的爱比较理智。她说自己不会随便穿旗袍，一定要有合适的场合。而且她认为现在穿旗袍一定要经过设计，要穿出时尚感来。

去年生孩子的时候，她和朋友合开的店正式开张。“梅花香自苦寒来”，店子起名“香梅”，喻义创业艰辛，但不移不弃之意。今年 6 月，何祚欢的评书获选非物质文化遗产，何祚欢在江滩举办表演专场，第三天的收徒仪式就定在“香梅”。张莞笛特意提前去做了一件旗袍。她的店开在黎黄陂路一栋旧别墅里，旗袍与之很相配。

那是一件黑色乔丝绒暗花旗袍，领口露出莹润肌肤，中间盘白色梅花扣，像极一朵清幽却冷艳的梅花。款式参考了时装杂志，但是张莞笛将本来繁复的直到腋下的镶边删去，领口显得清爽又性感，有一种低调的奢华。

张莞笛另一件钟爱的旗袍也是自己设计的，仍是黑白经典色系，黑底起白花，大朵大朵的白花，款式更是你绝没想到的，胸线斜插，露出香肩，可以说是素艳绝伦。这件适合朋友聚会时穿，她说。

家住武汉后湖的 65 岁的王雅兰与张莞笛的想

法不同，日常生活中怎么就不能穿旗袍呢？她反问我。她有30多件旗袍，春夏秋冬都有。平常，她就像我们穿着西装或者休闲装一样，穿着旗袍来来往往，有人赞赏，有人指点，她都一笑了之。看到她的时候，她穿着暗紫色的乔丝绒旗袍，披着玫瑰红的披肩，拿一个手包，精致，女人，没有突兀之感。她敢穿，镶金嵌银，大花大朵的旗袍她都穿。丈夫故去后，她没有再婚，独自将女儿抚养成人，60多年的人生风雨，什么样的旗袍花色她都震得住。“旗袍是不说话的老师，提醒我做一个女人不要张牙舞爪，举手投足要端庄，永远要有涵养，有韵味。”她说。

彼时，穿旗袍是解放的姿态；此时，穿旗袍却多少有了坚守的意味，成为个性的代言。一百年，旗袍也画出了一道曲线。正像当年穿旗袍需要勇气，如今也常是有性格的人才能洒脱地穿上旗袍，这是不是一件挺有意思的事。

今年，丈夫又给海燕做了一件旗袍。她想做件红色的，鲜艳的，丈夫却给她做了一件绿色的。在丈夫眼里，绿色更能显现旗袍的淡雅之美，而且沉郁的颜色就像旗袍曲折的命运。

或许，不用太悲观。

（文/叶军）

（特别感谢湖北省收藏家协会副秘书长易有章，武汉晚报社员工胡永红，武汉纺织大学胡晓东教授，武汉图书馆地方文献阅览室等对本文提供的大力帮助。）

高跟鞋：鞋跟上的自我追寻

三寸金莲的革命时尚

如果女人不能拥有和控制自己的身体，就不能说她是自由的——玛格丽·桑格

王慧娥有一双34码的脚，在她漫长的一生中，不知这个已经不再爱美的女人踩上高跟鞋时是否仍会隐隐作痛，又是否会想到自己的脚与时代的暗合。

1906年，王慧娥出生在宁波乡下，父亲经营着一家洗染坊。那一年，也是末代皇帝溥仪出生的年份。王慧娥长到三岁时，小脚的母亲拿出长长的裹脚布，如同千年来的每一位母亲一样，狠着心将女儿的四个脚趾向内弯，紧紧地包裹起来，任凭王慧娥哭闹挣扎。母亲对不谙世事的女儿说："大脚不好看，找不到婆家。"王慧娥裹脚的那一年，光绪、慈禧先后去世了，溥仪登上了大清王朝的宝座。

1911年，辛亥革命爆发，结束了两千多年的封建帝制，旨在解放女性双脚的“天足运动”也随之风起云涌。“天足运动”始于清末，“天足”即放足，是针对妇女的缠足而言的。“天足运动”的开始，象征着中国女性自我意识的萌发。当现代中国女性撒开脚自由奔跑的时候，我们应该记住一位英国女性——立德夫人。1878年，她在上海成立了“天足会”，并在无锡、苏州、扬州、镇江、南京等地成立分会，并利用书刊广为宣传该项运动的意义。在《穿蓝色长袍的国度》一书中，立德夫人专门写了一章反对裹足。她在书中这样写着：如果你还记得小时候第一次踏进冰冷的海水里的感觉，那么你就能体会到我现在动身去中国南方宣传反对裹足时的心情。对那里我十分陌生，而裹足是中国最古老、最根深蒂固的风俗之一。

可见，虽然数千年来，缠足戕害着中国女性的身心健康，然而反对缠足也同样是一条充满斗争与血泪之路，然而毕竟种子已经撒入了泥土。

幸运的是，王惠娥有一个开明的母亲，辛亥革命胜利后，她的母亲很快接受了新思想，给女儿放了脚。

这场政治上的革命，深刻改变了国人的服饰装扮，而女性对革命时尚也爆发出了巨大的热情。

据《纽约时报》记载，当时除了用西方化妆

品之外，中国的妇女开始喷香水甚至涂上了口红，发型也开始逐渐背离传统。同时，中国妇女开始穿起了皮鞋，“即使是极具冲击力的高跟鞋，她们行走起来也轻松灵活，快步如飞”。“西式长筒袜于是开始风靡一时，欧美商人现在正忙于设计新的款式，以设法满足千百万只中国金莲小脚的迫切需要。”

当中国女性俯身将尖尖的小脚穿进高跟皮鞋中时，也许没有哪个画面比这一个更能代表焕然一新的革命时尚以及古老国度对世界潮流的拥抱。

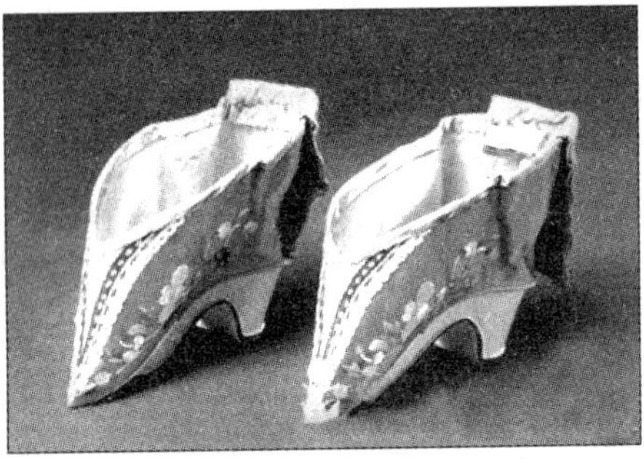

三寸金莲高跟鞋

王慧娥15岁时，由于土布的停产，她父亲关闭了洗染坊，举家迁到上海讨生活，之后成了一名会计。王慧娥最富青春的年华留在了20世纪二三十年代的上海。我们现已无法得知十里洋场对初来乍到的王慧娥产生了怎样的审美震撼，然而在亲人的记忆里，王慧娥是爱美爱整洁的，去百货公司，看电影，到餐厅吃饭，婚丧嫁娶，她都爱穿黑色圆头一脚蹬的高跟鞋，跟不高，比较粗。这个习惯她保持了一生。王慧娥最初做家庭主妇，后来开了个百货铺，99 岁那年去世了。王慧娥的弟弟至今记得姐姐对他说过："缠小脚真是糟糕，如果没放脚，就更糟糕了。"

大都会的摩登生活

1. "茂记"和鞋业的黄金时代

20 世纪 30 年代，高跟鞋和旗袍共同完成了对风姿绰约新女性形象的塑造，武汉的鞋业也进入了黄金时代。

在汉口经营皮鞋、皮件的大都是外商，有日商野田皮鞋店、上田皮鞋店、木松皮鞋店以及捷克商人的拔佳皮鞋店。

武汉最早经营皮业者，当属宋炜臣。他在汉口洋街一码头（今江汉路）开设华胜军装总公司，生产经营军装、皮鞋。他从上海聘请皮件、皮鞋工人，并委任宁波籍皮鞋师傅奚顺兴、皮件师傅李厚谟分别"掌作"，负责生产管理和对学徒传授技术。

辛亥革命后，李厚谟自营皮件作坊，起名"茂记皮革制品商店"，当时其资金仅百余元，雇工及学徒四五人，初仅产销马车应用之各种皮件套具。1921 年他才开始兼营皮鞋、皮靴，尤以长筒马靴销路较广，主要销售给跑马骑师，业务繁忙，规模日益扩大，人员增加至 40 人左右，并积极发展各类新式皮鞋生产业务。1930 年代，茂记品牌逐渐形成。

跟随茂记之后开业的皮鞋店有兴隆、永昌祥、晋隆、永生祥、修成记等。

据《武汉市志》记载，民国九年（1920 年），汉口有 52 家皮鞋商号和作坊，至 1936 年有 180 多家，月产两三万双。在对当时皮鞋样式的描述中，《武汉市志》特别提到，鞋跟有平底、坡跟、半高、全高，这与现在的分类并无二致。

当时的娱乐业——电影和舞厅的兴起，也对高跟鞋的普及起着推动作用。看电影作为新式娱乐颇具时髦意味，电影中的女明星形象自然成为时髦的具体象征。由于当时导演多受西方电影影响，他们都喜欢让女演员们在片子中穿起高跟鞋。此外，男女跳社交舞盛极一时，跳舞女性的必备物除了舞衣外，便是高跟鞋。《民国日报》曾刊登《摩登讲座》一文，对摩登女性下了定义，第一条便提到“丝袜高跟鞋不可少”。

据当时的《汉口商业月刊》记载：“当时的皮鞋皮件所采用的原料，一为上海入口之舶来品，如‘花旗皮’及‘香港纹皮’等。此项皮品质甚佳，为皮鞋皮件制造原料之上品，然其价格亦甚高，销路自属有限，故各皮鞋皮件厂近来采用此西纹皮数量甚微。二为国产皮，为本市各制造厂之出品，虽不及细纹皮之优良，然其价格低廉，适合社会各阶层之购买，市场之销售量至大，故以采用此种国产皮者为多。”

1936年发表在上海《良友》上的一张照片足以说明这一点。照片拍摄的是汉口童军募捐的情形，照片中捐款的女性都穿着棉布旗袍和系带高跟皮鞋，可见穿高跟皮鞋已是街头普遍装扮。

2. 广告中的新女性

中国传统女性是被深深禁锢在家庭闺阁里的，辛亥革命以后，中国女性的生活和形象发生了鲜明而巨大的变化。尤其在都市，女性被推上社会生活的前沿舞台，都市的公共空间里频频活跃着她们的身影，都市女性成为引领时代风尚的代表。

她们的服饰发式，其变迁敏感地透露出时代变革的信息。而电影海报、广告、月份牌、时装美女画不仅满足了人们的新奇感，又是一种宣传时尚生活的最有力工具，各种各样的服装、发式、居住环境、消费场所和社会意识，都可以通过这些方式宣示于众。这正是广告对摩登都市的一种塑造过程和方式。

上海、汉口、天津等开埠比较早的城市中的女性群体，在20世纪三四十年代的广告中呈现出一种前所未有的崭新风貌。与清末木讷、呆滞、畏缩和压抑的女性影像不同，这一时期出现在广告和照片中的女性丰腴、妩媚、明朗、自信、摩登、挺拔，微微含着笑。

虽然当年的报纸上鲜见高跟鞋的广告，然而广告中的女性，无论穿旗袍还是洋装，一律踩着高跟鞋。1947 年 6 月 5 日《武汉日报》的一则止痒药膏“湿立净”广告中，一位烫发的女郎高高抬起腿，高跟鞋则将她的腿衬托得更加修长而性感。次日有一则“金印牌特效杀虫剂”广告，一位穿套装的烫发女郎带着穿连衣裙的女儿，两人呈现的是背影，难以想象如果没有高跟鞋，这位母亲的背影还能那样时尚和挺拔。

老广告中穿高跟鞋的时髦女性

而在一张上海茂昌丝光染织厂的广告中，巧笑倩兮的女人侧坐在假山石上，身体呈妩媚的S形。脚上穿着一双露趾的高跟凉鞋。

烫发、旗袍、高跟鞋是当时时尚女性最普遍的穿着，而露趾高跟鞋却并不多见。记者翻阅了几本在民国年间，在上海风行一时的《良友》杂志，仅在1936年的7月刊上，出现了露趾高跟鞋的照片，穿着者还是一位美国女星。

露趾高跟鞋

其实即使在当时的欧美，露趾高跟鞋也仍然是前卫事物。1940年代，露趾高跟鞋在欧美流行，期间潮流杂志曾唾弃过这崭新的鞋款，认为当众露趾缺乏修养，然而面对女性渴望解放的欲望，这种说法很快便站不住脚了。

我们已无从得知露趾高跟鞋流入中国后的境遇了，只能从这幅招贴画中足以见出当年中国都市女性对国际时尚的紧紧追随和开放程度。

美的余韵和对时代的反抗

1. 50—60 年代：两寸半和剁掉高跟

王文偕生长在上海，新中国成立后来到武汉，在电信局工作，天天穿西装和皮鞋上班。单位里十七八岁的女话务员，全都穿旗袍和高跟鞋。这是新中国成立初期武汉人最普遍的穿着。如今已 90 高龄的王文偕仍然清楚地记得当年高跟鞋的几种尺寸，最高的是五寸，然后是四寸，三寸，两寸半。

然而西装和皮鞋穿了没多久，王文偕发现周围忽然出现了很多中山装。为了跟上形势，他也脱掉了西装。王文偕还发现女话务员里，穿旗袍的也越来越少了。皮鞋和高跟鞋还是照穿，只是鞋跟一点点矮下去了。

全新的政权需要全新的服装来阐释，1950 年代初，黄色的粗布军装、灰色的干部装、蓝色的列宁装席卷了祖国大地，与之相配的则是方便劳动的布鞋。

1956 年，为展示社会主义建设的欣欣向荣景象，政府提出了“人人穿花衣裳”的口号，一直捆扎着的女装终于松开了束缚，旗袍呈现出了最后的辉煌，高跟鞋也重新被拾起。

进入1960年，刚满20岁的李子云已经是江岸区楚剧团的台柱子了。现年70岁的她仍然记得那一年的电影《夜半歌声》里的剧情：男主角爱上了小姐，被小姐的父亲毁了容，小姐找不到心上人，就疯了。李子云深深地记得电影里小姐疯掉之后的扮相：浓密的头发披散着，白绸连衣裙拖到了脚踝，颈间围着一条白色的长长的围巾，轻飘飘地拖在身后。最让她着迷的是小姐穿的那双白色高跟鞋，当小姐背着手在深夜里徘徊时，高跟鞋发出坚定而清脆的响声。

李子云兄弟姊妹很多，家境贫寒。然而她的母亲非常注重对女儿们仪态的教育，坐卧起立都要含着胸，双手交叠，斯斯文文，不要多言多语。她穿的鞋也一直是手工缝制的布鞋，这种鞋宜静不宜动，即使走动起来，也是悄无声息的。这种姿态融入到了李子云姊妹们的骨子里，直到现在，李子云在路边等人时，都是微微缩肩弯腰含胸，双手握着手机叠在腹部，显出诚恳而内敛的气质。

而电影中高跟鞋传递出来的姿态是那样的舒展、优雅而富有生机。李子云于是跑到商店买了人生中的第一双高跟鞋，大概两寸半，是当时能买到的最高的鞋根了，鞋跟比现在的一元硬币还要粗一点，在当时也是最细的了。

李子云爱俏，嫌自己个子矮，觉得高跟鞋还不够高，于是让鞋匠又垫高了一层，这双自制增高鞋，果然让李子云成了姐妹们羡慕的对象。

穿上高跟鞋后，李子云还偷偷地学电影里小姐走路的样子，脚跟先着地，脚尖再轻轻抬起。

只是承接1950年代后期余韵的女性之美才刚刚舒展开来，就被随之而来的三年困难时期和“文革”再次扼杀了。

“文革”中，色彩单调，不分男女、不分性别的军装盛行起来。身穿军装、头戴军帽、脚穿新中国成立鞋成为最时髦的装扮。

1960年代的女性装扮

81岁的钢琴家汪培华更愿意回想“文革”之前的时尚青春。

汪培华祖籍杭州，1931年出生在上海，父亲是沪江大学的哲学教授。母亲师范学校毕业后，成了家庭主妇。

汪培华一家住在沪江大学的教授楼里，当时学校聘请了很多外国教师，他们的孩子们都在弹钢琴。汪培华想外国小孩可以弹，我为什么不能弹。五岁起，她开始学琴，一天都没有荒废过，钢琴成了她最好的朋友。

当时的大学教授收入是比较高的，汪培华又是个漂亮而爱美的女孩，十几岁时就开始穿裙子、玻璃丝袜和高跟鞋，冬天则穿长长的皮靴。汪培华姊妹三个，人人都有一辆坤车（女式自行车）。这在当时的上海也是非常了不得的事。

汪培华对鞋非常讲究，她曾对学生说："看一个人穿什么样的鞋，就知道她是什么样的人。"她尤其钟爱高跟鞋，觉得能让女人显得挺拔。

"文革"刚一开始，就有人在单位饭厅里贴汪培华的大字报：汪培华，把你的奇装异服收起来。从那天起汪培华再不敢穿颜色鲜艳的衣服，高跟鞋也小心翼翼地放进了箱底。

然而，有一天红卫兵还是冲进了她的家，搜出了她的长筒丝袜和高跟鞋。汪培华坐在门口抱着两个孩子，悲哀地想，搜走就搜走吧，只要能把我们的命保住就行。

一篇老街巷的回忆录中曾说，当时"学生们把抄出来的旗袍撕烂，把高跟鞋的高跟用斧头剁掉"。还有一位网友回忆，他们的初中音乐老师是归国华侨，年轻漂亮，穿着时髦，神采飞扬，学生们都很喜欢她。“文革”开始后，当革命师生在她家里抄出一双高跟鞋时，她的厄运随之降临了，被剃阴阳头，挂牌示众，那双高跟鞋也挂在胸前。

好在汪培华和先生咬牙挺过了最艰难的岁月。到了“文革”后期，为了完成政治任务，也为了重返舞台，汪培华在一场演出中甚至弹裂了指甲，鲜血染红了长长的琴键。

然而，她的老师李翠贞却没能走出来。李翠贞曾在英国皇家音乐学院学习。新中国成立后，虽然她的丈夫和子女都去了香港，但她只身留在上海音乐学院继续教学。1956 年李翠贞回到香港，与家人团聚。李翠贞患有哮喘，身体较弱，曾准备留在家中不再回上海，但当时音乐学院院长几次写信恳请她回校。李翠贞写信征求傅雷的意见，傅雷劝她服务祖国，她于是放弃了香港优越的环境和条件，回到了上海。

汪培华就是李翠贞在上海音乐学院的学生。汪培华回忆，李翠贞非常爱美，每一次给学生上课，必定要涂口红，穿上旗袍和高跟鞋。学生们听到走廊里传来笃笃的撞击声，就知道李翠贞来了。

汪培华回忆，李翠贞是个难得的好老师，学生们弹得好，她非常高兴，会亲一下，搂一搂。有个男学生就贴了一张大字报，说李老师侮辱他。

红卫兵于是批斗了李翠贞。红卫兵强迫她趴在地上爬过桌椅，用墨水涂她的脸。那一天回到家，她穿上演出时穿的旗袍和高跟鞋，最后一次精心地化了妆，坐在沙发上，拧开了煤气……她用她的美完成了对绝望年代的反抗。

那是1966年，她年仅56岁。

陪伴了汪培华30年的钢琴挪到了角落里，积满了灰尘。汪培华看不到一点点希望，甚至想出价400元把它卖掉，然而没人敢买。

流水般的钢琴声和笃笃的高跟鞋完全从人们的生活中消失了。那是个失掉了所有美感的年代。

然而，对美好的渴望依然隐藏在每个人的心中。1972年的一天，同济医学院的一位教授，悄悄带着只有六七岁的女儿来到了汪培华家，请她教孩子弹钢琴。为了教这个孩子，她们搬离了单位的宿舍。汪培华在教琴的时候，还得在琴键上盖一块厚厚的绒布，以起到消音的作用。

尽管琴声是那么微弱，终究是希望的先声。

2. 1978年：女性意识的复苏

1978年，注定是个非凡的年份。官方的“改革开放”口号尚未公开发布，街头就已经开始了静悄悄的变革，中国人深藏几十年的爱美之心，开始在服饰上得以释放。

这一年，汪培华重新穿上丝袜和高跟鞋，打开钢琴，轻踏踏板……这一年，“假小子”丁永玲升入了初中。

也是在这一年，日本电影《追捕》和《望乡》风靡中国，剧中人物穿着的喇叭裤成了当时年轻人眼中的时尚。而让丁永玲着迷的却是其中的两位女演员：中野良子和栗原小卷。

丁永玲是20世纪60年代生人，上面有个哥哥，非常受宠，下面有个妹妹，从小多病。而那时又是个提倡女子要“爱武装不爱红装”的年代，丁永玲一直跟一大群男孩混在一起，留着短发，穿着球鞋，妹妹受了欺负，她马上冲过去与人理论，活脱脱一个“假小子”。

而她的妹妹一直是个爱臭美的女孩，很小的时候就会给自己烫头发。老师说她是“骄娇二气”不改，丁永玲觉得说得对。

刚上初中的一天，班上有个男生给丁永玲传小纸条，丁永玲想都没想就上交了。从那之后，再没男生敢跟她讲话了。丁永玲迷上中野良子和栗原小卷之后，第一次意识到女人与男人是不一样的，女人可以美丽，可以柔弱，可以无助，可以寻求保护和爱。那段时间，丁永玲甚至变得多愁善感起来了。

当时学校也没什么像样的教材，学生和老师们对精神食粮的追求如饥似渴。有一天，丁永玲在自己的抽屉里发现了一本《唐诗三百首》，她按捺住惊喜，带回家看了几天，又重新放回了抽屉。那本书又神奇地消失了。丁永玲不知道放书的男孩是谁，然而，她已经知道了那是情感的表达。

上到初二时，武汉正流行一种布高跟鞋，黑色圆头系带子的样子，如同现在老年人穿的黑布鞋。那是丁永玲的第一双高跟鞋，其实只有一点点小跟。丁永玲穿着走到学校门口，被教务长逮个正着，教务长说学生不准穿高跟鞋，罚她站在学校门口。可是这仍然无法阻止她对高跟鞋的喜爱。

1980 年代，丁永玲进入了恋爱的季节，与当时那个充满着激情、憧憬、天真、浪漫与信仰的年代是多么吻合，高跟鞋与喇叭裤、蛤蟆镜、录音机、邓丽君一起成了她们标榜个性、彰显自我的元素。

一位网友在回忆起当时的情景时，曾饶有趣味地说："只是很多女性穿着高跟鞋不会走路，头和肩有些向前探，两膝不敢伸直，那种姿势有些像跋山涉水似的。尤其是流行小细跟时，胖妇女穿着这样的高跟鞋，怀里再抱着个孩子，看那两小跟真是扛不住……"

那是禁锢已久的国度对时尚与潮流的陌生，是女性对身体的发现与确认，是脚步对激荡年代的回应与追随。

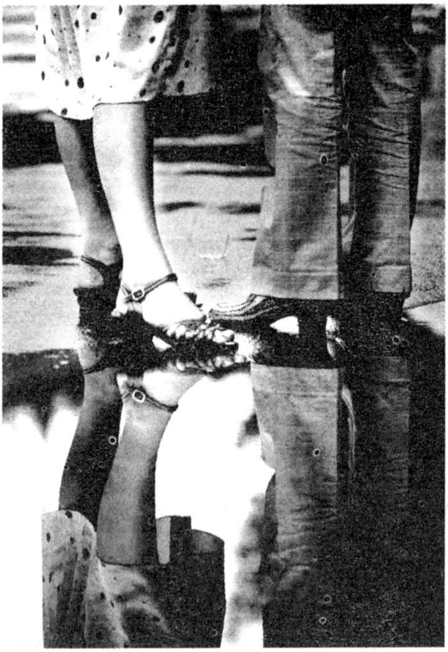

20 世纪 80 年代穿高跟鞋的男女

3. 大女性时代：站在高跟鞋上，我可以看见整个世界

进入 21 世纪，丝绒、丝绸、珠宝、缎带、木头、金属，一切的时尚素材都被设计师们用在了高跟鞋的设计上，而高跟鞋的鞋跟也从附属物件成了独立设计和装饰重点。巴洛克跟、酒杯跟、匕首跟、复古跟、异形跟，乱花渐欲迷人眼，同时，高跟鞋的高跟也在飞速地被刷新。

武汉纺织大学的陈婷老师教授皮鞋制作工艺课

炫目的高跟鞋

程，本来在这门课程中，鞋跟只是作为鞋子的附属物来讲，然而陈婷发现，近几年很多大牌设计师把设计重点从帮面转移到了鞋跟，甚至鞋底，从而产生出犹抱琵琶半遮面的效果。比如 Louboutin 将鞋底涂红，成为经典设计案例，被称为性感的一抹红。再比如巴洛克风格，将鞋跟进行浮雕化处理，而且高跟鞋鞋跟除了高矮粗细的变化，线条也变得更加柔和了，酒杯跟就呈现出了完美曲线。当然时尚的潮流总在轮回，陈婷发现 2007 年冬天，复古跟开始流行，就是那种笨拙而钝的鞋跟。

当然，要说 21 世纪之后，高跟鞋最直观的变化，陈婷最直观的感受还是高度的增加。她给大一新生上课时，会给他们展示各种各样的高跟鞋。陈婷使用的一本教材是 20 世纪 80 年代末编写的《皮鞋工艺》，将跟高 8.5 厘米以上界定为特高跟。面对 90 后的学生，陈婷早已不再让学生记这些数字了。当时只在舞台上出现的特高跟如今已经遍布城市里的每一条街道了，就连陈婷自己的鞋柜里，都有很多特高跟了。

与鞋跟一起拔节的是女性的地位。

1998 年，美剧《欲望都市》播出，深受女性观众热捧，该剧最终在 2004 年，以“六季”的规模收官。

《欲望都市》中穿高跟鞋的纽约女性

从某种意义上讲，这群生活在纽约的四个摩登女人改变了时尚女性的都市生活，昭示着大女性时代的来临，地球这一端的中国也同时进入了“她时代”。

2007 年安永企业咨询公司发表报告——《女性消费主义在中国兴起》，也是在这一年，《女性消费时代》成为《商务周刊》的封面故事，这篇文章核心观点是：中国未来消费市场很大程度上掌握在女性消费者手中。

这一结论主要源于女性在社会和家庭中的双重属性得到了进一步的肯定。

越来越多的女性进入职场，拥有了更多的个人可支配收入。随着中国女性接受高等教育和就业机会的增多，她们的消费习惯产生了重大变化。尤其是在城市，女性享有更大的经济独立性和消费选择。

在职场上经历过洗礼的女性，在家庭中也获得了比过去更高的地位。安永企业咨询公司的报告显示：多数中国家庭中，女性在消费方面拥有更大的发言权。

在这样一个对于女性来说最好的时代里，高跟鞋无疑成了最佳象征物和诠释者。女人踩在高跟鞋上的自信、气势、满足感、优越感以及胜利姿态，如同一位睥睨天下的女王，而铿锵有力的声音又何尝不是女王驾到的序曲。

偷偷穿高跟鞋的丁永玲此时已成了教授礼仪的大学老师，她不仅教学生们如何驾驭十厘米的高跟鞋而不摔跤，自己也天天穿。高跟鞋成了一种戒不掉的瘾，她最多的时候每天上八节课，穿着高跟鞋一点问题也没有。

34 岁的叶睿在武昌的一家事业单位工作，独自住在江景房中，有一个从地到天的鞋柜，她仍觉不够，又腾出一个壁橱。每次换季她都要花上一天的时间清理鞋柜。

而最让她难忘的是在两年前看到的一双鞋，绿色丝绒鞋面上配着一朵芥末黄丝绒蝴蝶结，如同利刃一般的匕首跟，售价2000多元，她没舍得买，至今她仍然很后悔，“买回来当成艺术品都值”。

不知从何时开始，高跟鞋不仅可以传递女性表情，而且成了爱情宣言。蔡康永设计过一款高跟鞋，叫“I still believe in love”（坚信真爱）。这款鞋的鞋面上隐藏着love字样，通过拨动鞋面，可以露出字样，还可以依据喜好呈现出各种斑驳色系。

蔡康永设计的高跟鞋，名字叫“I still believe in love”。

“男人来了又走了，留下来的永远是女人。”这是凯莉的扮演者莎拉·杰西卡·帕克在金球奖颁奖典礼上说的话。《欲望都市》中，Mr. Big是凯莉贯穿六季的男友，能实现凯莉所有的希望和理想。

然而，在剧中，他没有姓。而凯莉的每一双鞋都有品牌和价格。男人退场，这也许是大女性时代的另一个显著特征。

贵阳的23岁女孩张腾就是这样一个长相甜美、内心强大的大女人，她工作起来不要命，连她的老板都感到了压力。她在一家广告公司工作，为了见客户，为了取得业绩，她可以想尽一切办法。她的男友为此觉得她是一个“可怕”的女人，最终与她分了手。张腾说，分了就分了吧。

15岁时，因为参加一场表演，张腾第一次穿上了高跟鞋，从那之后就没有脱掉。不过与丁永玲不同，休闲的时候，她还是喜欢穿平底鞋。她的很多女同事跟她一样，会在办公室或车上放一双平底鞋。也许这些十几二十岁的女孩更加懂得宠爱自己，走在时尚和享受的并存之道上。

与张腾一样，在央企工作的叶子也是单身。2011年11月12日，叶子独自到“武汉天地”看了两场电影，中午又赶到图书馆听梁文道的演讲。下午逛书店，偶遇梁文道，与其聊书聊电视，并手机合影。这是叶子普通的一天，她觉得有滋有味。她也曾经受过最惨不忍睹的背叛，对此她不愿多谈。凯莉不是还有一句名言吗：“爱情会逝去，但鞋子永远都在。”

（文/刘晓宁）

电影院：随风而逝的风景线

一位故去的老人，一本尘封的日记，后人打开一看，原来是丰富鲜活的生命片段，更留下了难得的20世纪30年代汉口休闲娱乐史料。

1. 日记里的"老汉口电影之旅"

"晨七钟抵汉，仍寓东方旅馆，在四十八号。到此地后，才想到是星期六，找美国领事是办不到了。一星期也要休息一天，深悔不当昨天动身。"

1934年5月5日的汉口，一个名叫田镇瀛的青年，在日记本上写下了上面这句话。此时的他无论如何也不会想到，自己的这些日记，会在尘封77年后，也就是2011年，被人们重新发现，并且被人们从民俗、文化、经济、时局等各个方面去品味咀嚼。

但这是后话了，我们还是先回到1934年5月5日，这一天，田镇瀛乘火车来到汉口，他的目的是要找驻汉口的美国领事馆办理赴美留学签证。

田镇瀛1933年毕业于天津南开大学，他家境不错，父亲田作霖是民国早期军人，曾任过中将；他的大哥田镇南亦投身军界，后来也做到中将，是台儿庄大战中赫赫有名的“抬棺作战”的30军军长；田镇瀛本人，此时任教于河南一所学校。

话说当日，田镇瀛来到汉口住下以后，一边办理各种手续如体检、提交经济担保之类，一边拜访故人，寒暄话别，此外还做了一件很花时间的事情——看电影。他5日来汉，11日离开，共呆了7天，除了来和走的一天，剩下的5天里，他进了5家电影院，看了6部电影。

无疑，田镇瀛是个电影迷；更有趣的是，他同时还是个忠实的日记写作者——他把看电影的时间、地点乃至感想心得，都写在了日记里。在此，笔者将其摘抄如下：

“六日——晨起到大光明看早场，国产片，糟甚！野鸡片厂之出也。未终场即归。……卜午购书数册，并到上海大戏院看《得心应手》，虽系外片，有声，照样无聊。”

“七日——饭后无事到中央大戏院观《罗宫绮梦》，剧情尚可。歌唱有味，五角代价尚值。归来写日记至十一钟半睡。”

“八日——晚到明星看《离恨天》，国产片。

名字很好，内容甚糟，又是野鸡公司出品。归来尚不及十一钟。此地影院之七点钟场类似天津之五点场，对于学生特别合适，所以影院中女生很多。票价也比较平民化些。”

“九日——又赴明星观影，片为胡蝶主演之《脂粉市场》，声片，尚佳，明星与联华天一等出品，是可以与舶来品抗衡了，虽然技巧上还差些。今天正当国耻日来看电影，初进去颇感不安，所好‘娱乐不忘国耻’，等着以后雪吧！进场时已演过三分之二，散场后回旅馆休息一会……又返影院接着看七点的一场，票仍是那一张，这是汉口影院所不同于天津者，随时进去可以连着看。”

“十日——下午到旅行社拿轮船公司验身体的表格，归来过世界影院又进去观看了一场，是约翰·巴里木的《江湖情侠》，述法王易十一时法受外侮，爱国志士奋斗的情形。父死子继为祖国尽力的壮举，中国是正需要着，国难方急人人应着最大的努力！怀疑到我应当怎样做呢？到国外去又当向哪一方面努力？真有徘徊歧途之感，自己总觉着不乐观。”

这里有颇多可堪玩味之处。

所谓“国产片，糟甚！野鸡片厂之出也”，是什么意思呢？

先从被田镇瀛“点名”的《离恨天》说起吧！

《离恨天》系孤星影片公司1931年出品，导演王元龙。王元龙本是1920年代名演员，以粗犷硬朗的英雄形象深受观众欢迎，人称“银坛霸王”。可惜王元龙成名后，生活上放荡不羁，桃色新闻不断。他和女星黎明晖热恋，可是又不专一，导致后来黎明晖离他而去。他又与名妓雅秋四娘相好，由雅秋四娘出资组成“三龙公司”拍摄电影，公司由王元龙的兄弟王伯龙、王次龙掌管一切，王元龙则自导自演。除了纵情声色，他还爱赌博，经常一输就是几百元。后来“三龙公司”负债累累而倒闭。由于声誉直线下降，进入1930年代，没有一家大公司再把他当作重要明星请他拍片了。在这种情况下，1930年至1935年，他先后栖身“孤星”、“大长城”等几家小公司拍片。《离恨天》就是在这种背景下拍出来的。

王元龙不是一个人在战斗。1928年明星电影公司拍《火烧红莲寺》大卖，公司如获至宝，3年内竟拍了18部续集，后因政府干预才收手。其他电影公司也一哄而上，《火烧青龙寺》、《火烧白雀寺》、《火烧灵隐寺》等应运而生，更有《火烧百花台》、《火烧九龙山》、《火烧平阳城》等。据统计，从1928年到1931年，在短短4年时间里拍摄的400余部国产影片中，武侠片数量多至250部。这期间出现了一批以个人独资方式经营的电影公司，其经营者大多为王元龙式的武侠片明星，他们挟个人号召力自组手工作坊式的家庭公司，以成本低廉的出品与大公司争夺市场，许多小公司为赶热潮，不惜偷工减料，粗制滥造。其中有些公司只拍一部片子，捞了就跑，号称“一片公司”。

当时，一部小成本电影的摄制成本可以控制在 4000 银元左右（约等于 2000 美元），其发行收入包括上海 2000 银元，其余七大区 2000 银元到 3000 银元左右，加上南洋和日本有 5000 银元，共可回收 1 万多银元，收益率高达 200% 以上。

这些小公司，就是“野鸡片厂”了。当时的一份电影杂志，列举了中国电影业八大危机：

1. 影片质量低劣。

2. 小作坊公司林立。

3. 供大于求，而影院又不加选择地收片。

4. 影评混乱。

5. 不良分子办演员训练班，误人子弟。

6. 演员私生活糜烂。

7. 影院主和南洋买片商贪低价或收回扣而购进低质影片。

8. 英美电影公司的竞争。

由此可见，田镇瀛反感野鸡公司的粗制滥造，自有其理由。

不过，他并不因此就对国片一概藐视，而对洋片就盲目欣赏。比如美国歌舞片《得心应手》，当时在报上大作宣传，广告词令人发狂：“八大明星杰作！超一切歌舞滑稽巨片！春花般美眷、春水般柔情、春莺般歌声、春燕般俪影！此片包含着大腿美、肌肉美、舞蹈美！”而田镇瀛看后的评价是：“照样无聊。”

美国歌舞片在当时颇有市场，但大多内容肤浅。

5 月 9 日是当时的“国耻日”，田镇瀛这一天看了“胡蝶主演之《脂粉市场》”，认为“尚佳”，“是可以与舶来品抗衡了，虽然技巧上还差些”。“国耻日”源于 1915 年 5 月 9 日，袁世凯接受了《二十一条》，国民政府遂把这一天定为“国耻日”。每年的“国耻日”，报纸都会发社论，名流政要们还要举行各种演讲，但是说归说做归做，既没有新内容注入，又不与时代衔接，进而发展到言行不一，种种纪念活动终不免流于形式。当时报纸上，连各种卖药、卖烟的广告都以“救国”为噱头，在这种氛围下，“等着以后雪吧”只能是老百姓的一种普遍心态罢了。

而《脂粉市场》则确是佳作，胡蝶演技出色，夏衍的编剧更是超前。《脂粉市场》一反以往电影的大团圆式结局或苦情结局，反而使用了一种更加思辨性的结局：女性虽然没有得到爱情上的美满，却得到了真正的独立，拥有了自己的事业。它给观众带来了一个信息：不依靠男人，女子也可以活得漂亮和精彩！时至今日，《脂粉市场》还被认为“反映了民国时期女性的职场政治”。

《脂粉市场》是中国经典电影之一

由“国耻日看《脂粉市场》”一事可以看出，田镇瀛开通旷达，品位不俗。

10日，田镇瀛诸事办妥，即将离开武汉了。他又去世界影院看了约翰·巴里木的《江湖情侠》，并大发了一番感慨。

《江湖情侠》或已湮没，令人感兴趣的是田镇瀛看《江湖情侠》的感想。仿佛是冥冥中的安排，位于今日汉口五芳斋附近的世界影院早在抗战中就被炸毁，是田镇瀛流连过的这些老电影院中最早“死于非命”的。

查阅1934年5月上旬的汉口旧报纸，那些大标题都很夺目：“英日商战白热化”、“国联仍愿与我国合作”、“德国增设警察部，戈林任部长”、“美舰东移太平洋”等；关于国内时局，更是触目惊心：“日探活跃京沪”、“日军驱赶伊兰农民”、“日人勘测地形”……

准备留学的大学生，在民国可说是万中之一，田镇瀛是这批精英中的一个，他不可能闭目塞听，他能感觉到大变局要来，但又不确定自己的位置，只能“徘徊歧途”。

“老汉口电影之旅”至此告一段落，田镇瀛顺利出国，以后他还将回到汉口，但那是另一个故事了。我们在此玩味的，则是他出入的那些电影院，在那个年代，电影院究竟是怎样的一种存在？

2. 摩登时代：那些记忆中的电影院

中国电影院的诞生基本上与世界同步。1895年12月28日，卢米埃尔兄弟在巴黎一家咖啡馆内首次对公众售票放映了《工厂大门》、《火车进站》、《水浇园丁》、《婴儿喝汤》等电影短片。这一天被世界公认为电影的诞生日。

仅仅过了8个多月，电影就传入我国，1896年8月11日，上海徐园首次放映了“西洋影戏”。

徐园，即徐家花园，又名双清别墅，位于今天上海虹口区天潼路814弄35支弄，系浙江海宁丝业巨商徐鸿逵在清光绪九年（1883年）建筑而成，占地约三亩，是旧时上海一所著名的营业性私家花园，时人称“其布置已为海上诸园之最”。

徐园中有个园中园名叫“又一村”，1896年8月11日，一位法国商人在徐园的“又一村”中插映了一部“西洋影戏”（即电影），并将这一次电影放映的广告“徐园告白”登载在上海《申报》的副刊广告栏中：“初三夜仍设文虎、侯教、西洋影戏、童串戏法……游资每位两角。”

徐鸿逵的后人回忆：放映机光源用的不是电灯，而是明火灯，胶片的质地是硝酸纤维，燃点很低。为防不测，放映机旁排放着几个盛满水的大缸，放映中，还有人一盆盆往幕布上泼水，为的是靠水珠反光增加银幕亮度。

早期的电影放映就是这样，又名“电光戏”。

徐园的电影放映活动持续了好几年，放映的片子大多数是一些法国影片，内容无非是一些事物的片段和情景的记录而已。不过，徐园以电影吸引游人，向其收取游资，则意味着一个完整的商业过程业已产生，也就是说，徐园已经成为中国内地第一家“电影院”，中国电影商业也就由此揭开了序幕。

从此，一些来自美国、俄罗斯、意大利以及葡萄牙的商人先后在上海的天华茶园、奇园、同庆茶园、升平茶楼、跑冰场等地进行了电影商业放映，使电影在上海这个东方大都会中渐成气候，并一举成为了新中国成立前中国电影商业的中心。

上海第一座专业电影院创立于1908年，创办者为西班牙人雷玛斯。此人1903年来到上海，带了一架电影放映机与若干卷片子，雇了几个印度人拿着铜鼓和洋喇叭，每天在福州路升平茶楼招徕生意，对于看客们每人收钱三十文。几年以后，雷氏因此大获利润，于是在当时的海宁路乍浦路口建铅皮影戏院一所，仅容250座，这就是近代上海的第一座电影院——虹口大戏院。之后雷氏又于1908年和1914年建立了维多利亚和夏令配克两座电影院。

这一时期，香港、台湾、北京、哈尔滨等地也都出现了电影院，北京还在1905年拍摄了第一部国产电影《定军山》。

武汉此时正在蒸蒸日上，自然不甘落后：清光绪二十九年五月初一日（1903年5月27日），由美商汇喇洋行组织的“精巧新奇影戏”先后在汉口老跑马厅（今珞珈山街）和武昌三佛阁等处放映。1907年，法商在汉口花楼街熊家巷口开设花楼影戏院，1910年又有荣华茶园及清闲俱乐部等游艺场放映电影。当时建筑和设备都很简陋，片长仅10多分钟，多与杂技、曲艺等同台映演。

1912年法商在汉口法租界福熙将军街江边（今蔡锷路）首开百代大戏院，这是武汉第一家专业电影院。

此后，1917年俄商在威尔逊街（今一元路）

开设维多利大戏院。1918 年法商在福熙将军街（今蔡锷路）开设威严大戏院。1920 年他们又在西贡路（今蔡锷路中山大道处）建康登大戏院。1924 年意商在兰陵路开设环球大戏院。1927 年汉口商人陈立夫在汉景街（一元路口）开设世界影戏院，后迁至中山路德一里对面（今五芳斋附近）。1929 年刘玉堂和华侨江顺德、谭芹生合股 10 万元，盘下意商鲍特的环球大戏院，将其重建并更名为光明大戏院。同年，郑章坤将康登大戏院改建为明星大戏院。1930 年陈松林耗资 8 万银元，新建上海大戏院。

从 1918 年到 1930 年，这段时期是汉口电影业发展的黄金时期，全市无论是专业影院，还是兼映或季节性影院都有所增加。到 1929 年，全市共有 20 家放映场所，其中专业影院有 11 家之多。

中国电影业的发展，引起了太平洋彼岸国家的兴趣。美国商务部海外贸易司电影科，从 1927 年开始定期发表有关世界各国电影市场的调查报告，而它的第一份报告便是关于中国电影市场的。这也是目前已知的世界上第一份关于中国电影市场的官方调查报告。该报告对中国电影市场作了相当细致的调查、分析和研究，在它的发刊宗旨中，编者明确宣布这是美国政府旨在帮助美国电影业开辟海外市场的一项举措。这份出版物每年都有关于中国电影业情况的汇编。太平洋战争爆发后停顿了几年，日本投降后又迅速复刊。直到朝鲜战争爆发，中国禁绝了美国电影才告一段落。

中国电影人很快也注意到了美国的调查报告，因为这种调查实在太细致了。1931 年第一期《电影世界》上专门介绍了美国人 1930 年的调查结果：“全中国有 233 家电影院，1927 年只有 106 家；全国电影院共有 13.6914 万个座位，1927 年只有 6.8512 万个；24 个城市有电影院，其中 7 个城市可以上映有声电影；上海有 53 家电影院，其中 12 家可放映有声电影；1929 年放映 450 部片子，90% 是美国片；从 1921 年至 1930 年，中国成立了 164 家电影公司，但是只有 53 家出过片子。”

《电影世界》还特别写了一段“记者按”：“上面那些数目是美国商务局的报告，不实不尽之处，当然难免，可惜我们中国人自己没有这种统计，竟自不能对证，惭愧！”

惭愧自然是该惭愧的，但也不得不感谢人家留下了这些重要数据，我们从中可以看出，1930 年前后，中国的电影放映事业有了一个大的发展，尤其是上海，拥有全国 1/4 的电影院，而且其中不少是能够播放有声电影的，这说明有大量资金涌入，使上海的电影院老板们可以不断更新设备。

史料记载：“1928—1932 年间，上海电影院的生长，有着非常惊人的速度，单就第一流的电影院来说，即有光陆、大光明、南京、新光、兰心、国泰六家。于是昔日以卡尔登、奥迪安为口碑的时代已成过去。其第二流以下的电影院，在这五年间起建者更有十余所之多。”据统计，这五年中，上海新开设电影院达 28 家之多。

上海电影院的这种大规模发展，在 1932 年后并没有停止，1933 年更有百万金重建大光明电影院和 80 万金建造大上海电影院，电影院的建筑与布置更趋奢华。1933 年至 1936 年间除大光明和大上海外，上海又新建了荣金、华德、金城、丽都、月光等几家电影院，设备和装修都较前更为新式。

上海新建的南京大戏院外形不俗

遗憾的是，与上海相比，此时武汉落伍了，这是全面的落伍：自汉口开埠就开始的，由张之洞发扬光大的“大武汉进程”，没有被武昌首义的枪声打断，却在大革命及其后的宁汉之争烽火中遭遇顿挫，至 1931 年汉口大水，更是大伤元气。

反映在电影院方面，1929年武汉还有29家电影院，到了1936年，电影院已减至7家，除武昌1家外，汉口6家电影院分布于方圆一平方公里的区域内。田镇瀛来汉口，正好就投宿在这个区域的中心，“晨七钟抵汉，仍寓东方旅馆”，本文开头田镇瀛“老汉口电影之旅”的第一句话，其实就暗示了这一点。

东方旅馆在今天的汉口中山大道与黄兴路口，此地处于老汉口的黄金地带，不但距离火车站近、离美国领事馆近、离田镇瀛要出洋的码头近，也离汉口的诸多电影院很近，所以田镇瀛才能安步当车，潇洒地在7天内逛了5家电影院。

3. 武汉最著名电影院的荣与衰

1930年代，武汉电影业唯一称得上大手笔的，就是1930年陈松林耗资8万银元，新建上海大戏院，田镇瀛就是在那里看《得心应手》，感觉“照样无聊”的。

上海大戏院就是后来的中原电影院，在武汉诸多电影院中始终居于领袖地位，不少历史事件在此发生。而从上海大戏院到中原电影院，70多年间，几度沉浮兴衰，恰是一个中国现代电影院发展史的生动样本。

关于上海大戏院的前半生，陈松林的后人留下了回忆，武汉大学傅才武在《近代化进程中的汉口文化娱乐业（1861—1949）》中也有不少记述。

陈松林系浙江定海县人，清末时来到汉口，先在前花楼大罗罐头食品店当店员，不久进入英商福利百货公司。福利百货公司是上海第一家大型百货公司，后来逐步在天津和汉口设立子公司，经营男女时装、鞋帽家具、沙发以及罐头、洋酒和西点等。

陈松林努力工作，很快从一般的雇员提升到公司的出纳兼会计。他利用公司买卖“后门货”（倒卖公司的货物）而渐渐发迹。1910 年，他在汉口法租界胜利街 228 号店面，开了一家“利泰洋行扬子百货”（当时的法租界里必须由法商担保才能营业，他找了利泰洋行作担保，故店名也必须在“利泰洋行”旗下），经营洋酒、罐头等，兼营进口化妆用品和高级餐厅用具等商品，后又雇用工人，开炉生产西点，到后来发展成为汉口有名的罐头食品商店。

陈松林曾于 1924 年购进洞庭街空地一块，本拟建设住宅及开设分店，后于 1926 年出租给江苏籍商人吴某，吴集资筹建“新新电影院”，开工后因资金不足，中途停顿，地租也无力偿付，拖延达两年之久。1929 年 5 月，陈松林向法院提出控诉，经法院调解，将地面建筑物作价银一万三千元，除应偿地租外，由业主陈松林付“新新电影院”银元八千元回收。陈松林利用这值价 1 万余元的建筑基础创设电影院，这就是后来的“上海大戏院”。

汉口上海大戏院于1930年开始兴建，建筑费为银元三万元，连同座椅、水暖装置以及放映设备等，合计约银元八万元，于1931年2月正式开业。戏院观众厅宽18米，深22米，共有观众座948席。

上海大戏院开业后，号称专映头轮西片，片源由中央大戏院老板鲍特（意大利电影片商）间接供给。每片租价177元7角。映期3天至4天，实际上都是不卖座的三、四等片，因此业务情况较差。这样勉强维持了1年左右时间，陈松林决意摆脱鲍特的盘剥，设法增加了资金，购置美国孔雀公司出品的有声放映机，并与美国福克斯、派拉蒙等影片公司直接签订供片合同，放映有声片。但由于美国孔雀公司的有声放映机质量很差，发音不清晰，仅有少数名片能够满座，一般影片仍不能满座。陈松林又再度增资，接受非常苛刻租赁条件，租得与中央大戏院相同的美国西屋公司“片上发声”放映机，租期定为10年，租金1万美元，先付5000元，余款一年内付清。每月还要负担该公司工程师服务费200美元。如果放映机发生故障，工程师由上海来汉口修理，要包接、包送、包吃、包住，再付修理费每天20美元。修理时，公司有意将中方人员支开，以确保对设备维修的技术垄断。

在有声机改装以后，卖座率逐步上升，营业情况也随之蒸蒸日上。随着情况好转，陈松林更进一步把精力集中在组织片源和选择影片方面。当时所谓美国的 8 大影片公司，除了米高梅公司仍只对中央大戏院外，其余 7 家公司的影片，他都通过各种手法，陆续转移到上海大戏院来。他又用重金挖到名翻译，将片中语言翻译成中文语言。因此上海大戏院在此期间，可以说片源充足，座位舒适，字幕易懂。如此数年，上海大戏院便成为汉口电影娱乐业中的翘楚。

陈松林在经营作风上，特别注意广告宣传，另外他强调院内的清洁卫生，并注重服务人员的服务态度，因而营业情况大有发展。上海大戏院的繁荣还带动了周边产业的发展，促使周围新辟了“新生夜花园”、“邦可西餐厅”等休闲娱乐场所。

抗日战争前，上海大戏院平均每月营业收入估计 8000 元至 1 万元之间，每月支出数约 3000 元至 3500 元之间（其中包括房屋租金 500 元）。除影片公司影片拆账及缴纳税收外，每年有 6000 元上下的盈余。

当时的汉口，党棍帮会等恶势力盛行，“不是光棍不开茶楼”。因此，影院必须请当时的所谓“闻人”来撑立门面，“后台老板”这个名词由此而来。上海大戏院就请了洪帮大爷陆子樵担任后台老板，另外还设交际经理 2 人，周旋于所谓一些帮会大爷、达官贵人之间。

1933年9月，汉口警备司令部有军官2人，闯进上海大戏院看戏，拒不购买戏票，引起冲突。第二天军方就以拒不接受检查为名，封闭戏院，勒令停业，并当场逮捕职工20多人。后台老板陆子樵闻信后，感到事态严重，自己无能为力，转托势力更大、有军统背景的柴海楼出面帮忙调解。花了3000多元送礼请客，赔礼道歉，结果是减轻处分，勒令影院停业一星期，判处两个收票员各一月徒刑，事乃平息。

此后，影院又加聘柴海楼为后台老板。

1937年7月7日，抗战全面爆发，武汉成为战时的政治、文化中心，“保卫大武汉”的口号响彻云霄。1938年7月6日，第一届国民参政会在汉口上海大戏院开幕，会议通过了《拥护抗战建国纲领决议》及第一次大会宣言。国民参政会是抗日战争时期国民政府的咨询机关，毛泽东、陈绍禹、林祖涵、邓颖超、吴玉章、董必武、博古等中共高级领导人被聘为参政员。

1938年10月武汉弃守，10月14日，汉口所有影院一律被勒令停业。上海大戏院先前已将全部放映机拆迁至重庆，院屋以每月200元美金委托费，挂上美国某企业公司旗子。武汉沦陷后，上海大戏院先出租给汉奸邓海珊，后折价出卖给邓海珊。1945年抗日战争胜利后，由国民党第六战区司令部接管。同年8月，由帮会人物李青山承租恢复营业。1946年陈松林长子陈汉璋由重庆回汉口，委托原后台老板柴海楼出面，以4000元转让费，从李青山手中接收过来。1946年4月，陈松林继续经营，几乎每日满座，月营业收入估计在1.5万元至2万元之间，月支出数约在5000元至6000元之间。从1946年10月到1952年2月，将近6年时间里，估计盈余4万至6万元。

1951年，上海大戏院被收归国有，次年改名“中原电影院”。此后，很多重要活动都在这里举办，比如由市长参加的政府公债推销大会、政协的学习报告会，以及苏联、匈牙利、波兰等国的电影周等。

然而在计划经济体制下，中原电影院的服务品质没有提升。1958年，一位名叫杨平的市民曾写信给报社投诉中原电影院。当时杨平的父母买重了第二天晚上的电影票，于是第二天上午9点钟去退票，可售票员却说：“我们只卖票，不收退票。”杨平的爸爸没法，只好把这三张票卖给要买票的观众。

对比一下田镇瀛1934年5月9日的故事——“进场时已演过三分之二，散场后回旅馆休息一会……又返影院接着看七点的一场，票仍是那一张，这是汉口影院所不同于天津者，随时进去可以连着看。”只能说，过了24年，武汉电影业的服务水准是大大退步了。

到了1962年，更加离谱的事情发生了，当年8月，一位市民投书报社：“到中原电影院去看电影，进场坐稳，只闻阵阵臭气迎面扑来，令人作呕。仔细寻找一下，没见臭气来源。直到影片放完出场时，才恍然大悟，原来在门侧走道上，影院设有猪圈，猪食、猪粪遍地，岂能不臭！”

电影院竟设猪圈养猪，这无疑反映了那个时期的经济困难。

不过，那时的中原电影院也有一项“特殊待遇”。从1950年代起，就有一批电影受到批判，如《武训传》、《清宫秘史》，1964年8月以后，又有《北国江南》等一批电影受批判，这些被批判的影片多在新华电影院、中原电影院、武昌电影院有控制地放映，每天不超过3场。

文化大革命中，各影剧院均一度停业“闹革命”，以后虽陆续恢复放映，但仅限于少数几部“样板戏”，其他所有中外影片均遭禁映。

“文革”结束后，中原电影院迎来了自己的黄金时代。此时中原电影院已经过多次维修、改建，台口加宽至12米，观众厅墙面加贴吸音板，更换观众座椅，以及前厅贴大理石墙裙等，有池座27排，楼座9排，共有观众座1010席。

1988年11月1日，武汉中原电影院成为中国大陆第一家特轮电影院，所谓特轮电影院，是指它放映的影片排期比首轮影院提前一至两个月。中原电影院当天上映的是日本警探片《伤痕累累的勋章》。此时的中原电影院能容纳 890 位观众，还设有投影录像厅、舞厅和咖啡厅、酒吧、电子游艺室等，在楼座还特别设置了 56 对双人沙发座，在当时的武汉它是独家设施，此外还安装了中央空调和杜比立体声系统，放映机也是国内最先进的。

这一轮改造非常成功，可以从一个月后的新闻报道中看出来："上海街派出所最近在中原电影院查破一起内外勾结、高价倒卖电影票的案件，当场收缴票券四百三十余张，抓获票贩七十三人。中原电影院作为我市唯一的一家特轮放映电影院于十一月一日正式开业。一个多月来，它吸引了全市电影迷，日营业额均在二万元以上。一些不法分子常光顾此院，并为抢购票券多次打架斗殴。上海街派出所经过周密侦查，将一姓刘的票贩抓获……查出这起倒卖电影票案件中，有这家电影院的售票员刘某参与。"

而到了 1989 年 11 月 1 日，"中原特轮电影院"改造一周年之际，影院负责人更是信心满满地表示："中原电影院是本市第一流的现代文化娱乐中心……三镇的电影观众，分别从青山、关山；从堤角、岱家山；从鹦鹉洲、十里铺，云集中原，独创电影院、舞厅连续 5 个月爆满的纪录，月收入超过了以往的年收入。"

为了庆祝改造一周年，中原电影院还请来了当时国内数一数二的美女大影星林芳兵与影迷们座谈。

到了1990年，第十届中国电影金鸡奖、第十三届《大众电影》百花奖在武汉颁奖，时任中央顾问委员会委员、宋庆龄基金会副主席的荣高棠还出席了中原电影院儿童观众见面会，并写下了“愿中原电影院时刻想着孩子们”的题词。

正所谓“夕阳无限好，只是近黄昏”，武汉电影市场如烈火烹油，中原电影院更是锦上添花，然而都好景不长了。

自1992年起，电影市场观众、收入大幅度下降，除引进外国“大片”时收入有所回升外，其余则尽显萧条。

1994年1月，武汉报纸上刊登了这样一篇文章——

一位姓叶的司机带着儿子到中原特轮电影院看了部美国影片《食人鱼》，2张票花去20元。叶说：“没想到电影票价变得这么贵，租一盒录像带看一天也只要5角钱，下次再不来了。”中原特轮电影院负责人也承认票价“稍高了些”。他又说：“票价不高也不行。电影观众在减少，成本在提高，票价低了要亏本。”据他说，“中原”1988年全年上座率80%，去年已跌到20%左右，能容纳

900余人的影院有时一场电影不足百名观众。据市电影公司统计，我市去年全年看电影的人次比1992年下降60%。8年前全市每年人均看电影18部，去年已降到约2.5部。为什么不降低票价吸引更多观众呢？一些电影院负责人认为，观众减少主要是受到歌舞厅、电视、录像的冲击，降价能增加的观众不会多。

1996年7月，困境中的中原电影院大影厅无奈停业，其录像厅、游戏机厅等还在继续营业。

1997年，按美国标准建成的外资影城“环艺”杀入武汉，其放映业绩一跃而为武汉之首：《泰坦尼克号》全市票房1600万元，环艺占300万元；《拯救大兵瑞恩》全市票房160多万元，环艺占60万元。

以“中原”为代表的老电影院们濒临绝境，此时的中原电影院进行了最后一次挣扎。在瞄准环艺，筹资对放映设备、座椅、售票系统进行升级换代后，1998年6月，中原电影院大影厅重新开业。此时的中原电影院座位数已从顶峰时期的1000多个降至418个。

然而大势已去，气数将尽，1998年《泰坦尼克号》放映期间，“中原”最后火了一把，此后再无力回天。

4. 老电影院纷纷谢幕

“父亲去世20年了，留下十几本日记，一直没有仔细看。无意中发现有一本日记是1934年3月至9月的日记，详细记载了他在汉口美国领事馆办理留学签证、乘船赴美及刚到美国时的情况。”

田镇瀛“汉口电影之旅”之后，又过了77年。他的儿子田联申先生，于2011年在网上发表了帖子《1934年，父亲在汉口美领事馆办签证》，将父亲田镇瀛当年的日记摘抄出来，一段真实细致的民国旧时生活写照，由此得以还原。

有必要交代一下田镇瀛先生后来的故事。

他1934年赴美留学，获普渡大学机电工程学士、密歇根大学理学硕士。1937年抗战爆发后回国，到河南漯河耀华电厂任工程师。1938年4月进入时在武汉的国民政府第九战区司令部任上校秘书，同年10月离开司令部到湖北省建设厅任技正（总工程师）。武汉会战后，湖北省政府西迁，在宜昌负责将省建设厅所属工厂机器西运巴东、恩施、万县等地。1939年9月任湖北省建设厅麻织厂筹备主任，1940年3月麻织厂竣工投产后即任厂长，这是抗战时期“大后方”仅此一家的麻织厂，军粮局和粮食部先后订购了全部产品。该厂设在万县，每遇日机轰炸，全厂几百职工撤离时，身为厂长的田镇瀛总是最后一个撤离。1945 年抗战胜利后，他奉命接管侵华日军的汉口被服厂。1946 年 6 月和 12 月，他先后卸去被服厂、麻织厂厂长之职，后经商，自办大北企业公司。新中国成立后，因办厂向人民银行贷款未如期还清被判刑 7 年，1964 年调武汉从事翻译工作，后到武汉市硚口区一街办工厂当电工至退休。1992 年病逝。

人事如此沧桑，正如他流连过的那些电影院。

怀想当年，他为留学事宜来到汉口，意气风发，“晨起到大光明看早场，国产片，糟甚！野鸡片厂之出也。未终场即归”。

这“大光明”可不是今日吉庆街背后的光明电影院，而是此后大名鼎鼎的“中南剧场”，是位于兰陵路上的“话剧窝子”。1924 年，意大利商人鲍特在兰陵路开设环球大戏院。1929 年汉口商人刘玉堂和华侨江顺德、谭芹生合股 10 万元，顶下了“环球”，将其重建并更名光明大戏院。

事实证明这笔投资很不错，仅 1927—1931 年，“大光明”就赚了 17 万；这里上演《啼笑姻缘》时，曾把一部小汽车开上舞台，轰动一时。冼星海、赵丹、陶金、舒绣文都曾在这里留下过足迹。

新中国成立后这里改为“中南剧场”，在 1959 年武汉剧院建成以前，它仍然是武汉最高档的文化活动场所，仅 1957 年 10 月，就有英国芭蕾舞团、越南文工团、匈牙利歌舞团在此表演。汉口老人回忆："那是一幢巴洛克式建筑物，内部是西方歌舞剧院的样式，大约可容纳一千多名观众，只有一层，当时武汉的各大剧场里，唯独它是用真皮包裹过的简易软凳……乌兰诺娃在那儿跳过《天鹅湖》。"

乌兰诺娃是当时的"芭蕾女神"

没有不落幕的戏剧，没有不散场的电影。1991年8月6日傍晚，一股龙卷风袭击了"中南剧场"。当时200多名观众正在欣赏电影《鬼楼》，突然银幕右后方透进一片亮光，继而从剧场外传来"轰隆"巨响声。原来，舞台天幕正上方的木结构屋顶被龙卷风卷走，露出一个长约 15 米、宽 4 米的大洞，大雨从洞中倾盆而入。观众见状，迅即奔走躲避，幸而没有发生伤亡事故。剧场舞台屋顶被揭走约 60 平方米，经济损失 2 万元。据当时的负责人介绍，这家剧场从建成至今，屋顶没有大的改动。这是“老中南”的最后一幕，经过了 60 多年风雨洗礼，这老宅终于走到了它的尽头。

又过了 16 年，也就是 2007 年，京汉大道上有了一个新的“中南剧场”，投资 1.4 亿，这里成为武汉的话剧基地。

这是武汉那些老电影院中硕果仅存、浴火重生的唯一一家。世界大剧院抗战期间被炸毁；上海大戏院（后来的中原电影院），后来变身酒吧、俱乐部，转手多次；中央大戏院（后来的解放电影院）和明星大戏院（后来的武汉电影院），成了咖啡馆、宾馆、烧烤店、洗脚屋。

“长江后浪推前浪，前浪死在沙滩上”，所谓时尚与怀旧不过如此；只是我们仍要多谢田氏父子，他们做的事情让后人认识到，前人的生命体验曾是如此丰盈。

（文/李煦）

交谊舞：百年间摇曳的风情

1. 50 年前的半支舞

73 岁的季月香坐在武汉市老年大学的教室里，嘴里哼着《采茶扑蝶》的小调，双手轻轻摆动，眼眸中透出柔和的神采。她的思绪，早已穿越回了 50 多年前的那个夜晚。

漫长的岁月已经模糊了她的部分记忆，比如说，季月香已经无法确定那究竟是在 1959 年还是 1960 年了——刚到武汉军区文工团不久的她得到消息，毛泽东、周恩来、朱德等一些党和国家领导人要来武汉，而且，将会抽出时间和部队的年轻人一起跳交谊舞。当时，跳交谊舞的热潮从中央领导人一直扩散到地方部队，季月香等文工团的女兵们听到这个消息时一阵雀跃。

可有些记忆注定无法磨灭，并历久弥新。季月香清晰地记得，那是在东湖宾馆的舞场里，她穿着一件漂亮的布拉吉长裙，和毛主席在《采茶扑蝶》的音乐中跳了半支舞。毛主席的舞步迈得很大，季月香有些紧张，没敢和他说话，半支舞过后，主席身边的人怕他过于疲劳，就安排一名护士替换下季月香，和主席跳完了剩下的半支舞。有名女兵胆子很大，在和毛主席跳舞时，直接问："主席，您能不能送我一支烟?"毛主席微笑着抽出一支中华香烟，递给了她。这名女兵如获至宝，小心翼翼地收好，并拿回去珍藏。

季月香说，几名领导人在跳交谊舞时很有特点，周恩来总理喜欢边跳边唱："好一朵茉莉花，好一朵茉莉花……"而朱德在跳舞时，则喜欢小步子摇晃，他还亲切地问季月香是哪里人，季月香回答"洛阳"，朱德就爽朗地笑了："洛阳牡丹很有名啊!"

根据相关资料记载，交谊舞是1937年被美国记者史沫特莱带到延安的，当时，延安的革命干部们掀起了一股跳交谊舞的热潮，毛泽东、周恩来、任弼时、朱德都十分热爱跳交谊舞。而且，那时跳舞已经有了个"四部曲"：一边站，试试看，一身汗，死了算。直到1942年整风运动到来，延安的交谊舞才被大秧歌取而代之。新中国成立后，革命干部们又跳起了交谊舞，一直跳到1964年"社教"运动开始。那段时期，穿布拉吉、跳交谊舞、唱苏联歌成为了最流行的时尚。

这段火热的回忆从另一个当事人的叙述中得到印证，只是地点搬到了汉口。朱汉雄1939年参加革命，新中国成立后，在中南公安部先后担任边防科、警卫科科长，他还担任过武汉市公安局副局长。据他回忆，当时大名鼎鼎的德明饭店（即江汉饭店）的一个重要活动，就是每周举办一次有高级干部和高级统战人士参加的高规格舞会。新中国成立初期，领导圈子里的重要交际、娱乐活动就是跳交际舞。他有些自豪地说，我有自己的乐队，有自己的舞厅，还有政治可靠、舞也跳得很好的舞伴，只要有人说首长要跳舞，我说，好，三下五除二，我一句话就到位了。

跳舞总免不了有些小插曲。开始举办舞会时，他遇到过一个难题，就是毛主席和江青喜欢的音乐不一样。毛主席喜欢我国的民乐，如他家乡的《浏阳河》；江青却喜欢西洋音乐，伦巴、探戈、华尔兹等，都是带洋味或是上海外滩味的音乐。朱老总的舞步很简单，是散步式的，对舞曲没有特别的要求，不要用快步圆舞曲逼着朱老总转圈圈就是了。毛主席跳舞喜欢走大步，从来不按音乐节奏走。这就要求乐队演奏水平很高，谁来跳舞就用谁喜欢的舞曲伴奏。还要学会让音乐跟着毛主席的脚步走，乐队指挥始终瞪着眼，盯着毛主席的脚。可能因为喜爱的乐曲不一样，毛主席和江青很少在一起跳舞，常常是毛主席走了，江青来了，乐队就马上换曲子。

朱汉雄说，我这个科长权力大，拥有对每一个参加舞会的“舞伴”进行政治审查的权力，这就使得跳舞也具有了不可小觑的政治意义。

2. 老上海的“靡靡之音”

交谊舞又称社交舞或交际舞，是来源于西方的一种舞伴舞。早在19世纪50年代，上海租界内就有了外侨举办的交谊舞会。1897年，蔡钧为配合慈禧“万寿庆典”，在上海洋务局举办盛大舞会，这是中国官方举行的第一场大型舞会。于是，大约从20世纪初开始，西洋交谊舞变成了中国社会上流行的舞蹈形式，受到一些常和洋人来往的达官贵人的欢迎和仿效。跳舞之风遂在一些交际场合中逐渐蔓延，营业性舞厅于是也应运而生。1920年代，上海最早的营业性舞场是开设在西藏中路宁波同乡会隔壁的“黑猫舞厅”，由职业舞女伴舞，每次三元。最出名的，当然是当年有着“远东第一乐府”之称的百乐门舞厅。张学良时常光顾，陈香梅与美国飞虎将军陈纳德在此订婚，徐志摩与陆小曼是其常客，更有甚者，当年卓别林夫妇访问上海，只有一天的时间，也要慕名到此跳舞。百乐门舞厅还培养出了许多娱乐明星，如梁实秋晚年的妻子韩菁菁就是著名的百乐门“一代歌后”与“大众情人”。对百乐门最动人的描写莫过于白先勇的《永远的尹雪艳》和《金大班的最后一夜》中对那些纸醉金迷情境的描写，即使在百乐门消失后的几十年里，透过文字，人们对它的记忆依然鲜活。

当年舞厅里售卖的舞票

1939 年，上海沪江大学商业管理学系学生关宝定以上海扬子饭店的经营情况为题，写了一篇两三万字的毕业论文，其中一节，曾述及扬子饭店附设舞厅的一些情况，字数虽不多，但很有研究价值。因为老上海舞厅营业情况，尤其舞厅内部的运作情形，向来很少有人提及。

据关宝定描述，位于汉口路的扬子饭店共 8 层，二楼至八楼为旅馆部，舞厅（兼茶室）在一楼，舞厅面积略小，当中即为跳舞场，弹簧地板。舞女围坐在跳舞场周边，等待着舞客的邀请或攀谈，其余桌位，客人可以随意落座。每桌上都有编号，桌面玻璃下则放有菜单酒单等，桌面则置有鲜花、火柴、烟缸等。

顾客进出时，由站立门外的侍者为其开门；进门之后，则由舞厅内侍者安排座位，善为招待。进门处有衣帽间，专供客人存放衣帽、提包之类。客人存放衣帽时，经手者交给客人一个有号码的牌子，此牌子与客人衣帽上的牌子一样。取物时，客人对号取物。舞毕，客人领取物品时，一般给小费数角或1元：衣帽间侍者没有固定工资，小费是其唯一收入。

客人坐下后，侍者会上前询问客人要用什么茶、酒或其他食物，如西餐蛋糕等，或给客人单子，让客人自行填写。

如客人带有女伴，则不必多购舞票，只需付饮料费。倘若客人要购舞票，一般由侍者代购，舞票1元一本，共5张。客人和舞女跳舞时，每跳一次舞给票一张，但有些顾客为博舞女欢心，往往出手大方，一次给一本的也不少见。一般舞女每月收入，大概在100元左右。

舞厅营业时间一般从下午5时至午夜12时，但为了多做生意，舞厅往往从下午1时起就开始营业了。下午1时到5时这段时间，被称为“交际茶舞”时间，票价相对便宜一些，来的多是普通舞女和小职员、学生等舞客。每星期六及星期日舞厅生意较旺。

另外，舞厅与上海啤酒公司订有合同，啤酒按日送到，内有女侍者推销；其余各色外国名酒，则由先施公司代购，陈列于柜台内，如需要可以购买享用。夏日，则有美女牌冰淇淋供应。夏天亦有冷气，舞厅在夏天的广告标语就是“扬子舞厅，两班舞星；日夜跳舞，冷气开放”。扬子舞厅一年四季生意兴隆。

20世纪二三十年代，租界的交谊舞厅生意红火。

3. 老汉口的风花雪月

江汉饭店舞会上伴奏的是从老汉口舞厅走出来的乐队。说起老汉口的舞厅夜总会，那就话长了。

1903年，亚洲最雄伟、最现代化的京汉火车站落成，自此，汉口“形势一年一变，环镇寸土寸金”，“东方芝加哥”最珍稀的轴心由此划定。随着隆隆火车载入的不仅仅是一城的繁华，更为汉口带来了真正有品位的生活。在当时的汉口租界区内，歌剧、舞会开始出现，名流聚会逐渐频繁，西餐厅里的罗宋汤、蒜包、头盘、甜点和黑咖啡等，开始变成一种日常生活，每逢圣诞等节日，还有大型的嘉年华……

1924年前后，英国皇家舞蹈专业学校推出了一整套规范的交谊舞教材，也就是标准舞，主要分四个舞种，即华尔兹、布鲁斯（慢狐步）、探戈和快步（英国人强调绅士风度，对快三并不推崇），并向全世界推广，1930年代其传到上海、汉口等大城市后，随之流行开来。

1930年代前期的汉口大华饭店，顶层除了是西餐厅外，一并将舞厅夹在其中，是汉口首创的第一家舞厅。大华饭店的老板从上海请来了一批舞女到汉口为舞客伴舞，是当年汉口的一件新鲜事。舞客与舞女跳了一次舞后，需付一张或数张舞票，舞女凭舞票与老板结账。那时是“一块钱，跳三跳”，就是一元现洋买三张舞票，可与舞女跳三次舞。进舞厅是每人一块现洋的入场费，随需赠送饮料一杯，牛奶、咖啡、可可、清茶、红茶（带白色方糖）任选其一，舞客还可以在舞厅内吃西点和西餐。

当时的舞厅大部分分布于租界地区，主要为了满足外国人以及汉口的一些有消费能力的市民。在一元路、二曜路附近还有许多小型的“跳舞场”，如“黑猫跳舞场”、“天星花园舞厅”（现在的江岸区图书馆）等，还有一些夜花园，以卖茶、饮料为主。

跳舞的女性穿着打扮极为摩登，高跟鞋、皮包、羊绒大衣、卷发等构成摩登女郎必备行头。姜燕鸣在《汉口的风花雪月》一书里，就多次提到了20世纪三四十年代武汉租界区里的舞会。恒昌茶业公司老板董元甫之子董运琛，跟意中人白梅生小姐的第一次约会地点，也是在一家银行举办的茶舞会上。白小姐“还没走到舞厅，已经听到爵士乐中，有一个细软的声音在唱《何日君再来》。歌声靡靡，让人一下跌入到某种情欲之中”……

虽然是虚构的情节，却也有现实的影子，比如茶舞。舞厅的开放时间按早晚顺序可分为早舞、午舞、茶舞、晚舞和通宵舞。早舞上午9时就开始了，舞资比较便宜，为吸引低收入者和真正的舞迷而开放。午后12点开始的是午舞。下午三四点开始的是茶舞，一流舞厅周六和周日各设一场，二三流舞厅天天有，男宾随舞票每位可奉送香茗一杯。茶舞主要供人饮茶休闲，因而茶资占去收入的主要部分。晚舞一般在华灯初上的七八点至凌晨时分，所有舞厅皆有。后来出现一两家通宵营业的舞厅，此后，越来越多的舞场也加入到通宵舞的行列。

再比如爵士乐，爵士乐20世纪20年代遍及美国，并以很快的速度向全球传播，这和同时兴起的舞厅有极大关系。早在20世纪二三十年代，汉口租界内就有了爵士乐，武汉由此成为我国历史上最早出现爵士乐的城市之一。

舞厅业的竞争，除了舞池等基本设施与装潢之外，最重要的是舞女与乐队。一个舞厅如果有几个漂亮有名的红舞女，生意就火爆。同样，哪个舞厅如果有了一支响当当的伴奏乐队，也会宾客如云。

从当年的广告画页上就能看出交谊舞的风靡程度

然而好景不长。1947 年 9 月，国民党政府为支持内战的耗费，以“节约”为名，颁布了在全国禁绝营业性舞厅的法令，北平、南京、汉口、沈阳、天津、广州等省市的营业性舞场先后停业。由于执行仓促，又没有良好的善后措施，在失业和饥饿的威胁下，沪上数千名舞业人员群情激愤，于 1948 年 1 月 31 日下午捣毁了上海市社会局大楼。此即震惊全国的“舞潮案”。

4. 新中国成立后的交谊舞热

1954 年新中国取缔营业性舞厅，舞女被迫转业，但交谊舞并没有停止。我国著名的三大交谊舞是：北京平四、南京小拉和武汉三步踩。

北京平四的主创人杨艺是北京市工商局的职工，他童年时上过几天民族舞学习班，业余时间醉心交谊舞，后来专门以其为业。他集民间与民族舞之创造，综合而成北京平四。因北京平四简洁、规整，更具民族特点，非常适合舞厅与广场。这种舞步的发明使我国的交谊舞有了极大的发展。

南京小拉的首创人为冯京三，一个白发苍苍没有舞蹈功底的普通老头。从其文章来看，他曾找过南京市体育局多次，想推广此舞，但未受足够重视，无奈之下，他将此舞步教给了杨艺……南京小拉是一种交谊舞的简化，易学易跳。

武汉三步踩的创造者则是八个下岗职工和待业青年。后来，武汉市体育局组织人员对它进行挖掘提高，从而形成了品牌。其特点是非常适合在广场进行。武汉天气炎热，广场文化丰富，这种舞步十分适合在室外场地进行。

“20 世纪 60 年代，交谊舞在工人中间很流行。”62 岁的武汉钢铁公司退休工人郭雅勋回忆起几十年前的舞会场面，很有些心潮澎湃。

那是在“文革”以前，武钢的单身男青年很多，而国棉二厂等单位的单身女青年很多。为了解决职工的婚姻大事，武钢工会、共青团就组织了很多场舞会，给这些单身的男女青年“牵线搭桥”，结果真的很见成效，成就了无数的美满姻缘。

“文革”期间，交谊舞曾被禁止。1979 年，改革开放第一年的除夕夜，人民大会堂的联欢会上又出现了消失多年的交谊舞。同年10月，国庆联欢晚会同样在人民大会堂举行，舞会逐渐成为惯例。青年军人王朔，回家探亲时搞到了一张票，也去参加了。

他在后来的一篇文章中兴奋地描述说，到处都洋溢着欢乐气氛，晚会的节目很丰富……无数穿戴时髦的青年男女在跳华尔兹，大厅里响着《蓝色多瑙河》、《维也纳森林》这样的圆舞曲和由中国民乐改编的《喜洋洋》、《步步高》等舞曲，但这一切让王朔挺不习惯。他不会跳舞，并且穿着军装，说不出有多么压抑。他紧接着在后面写道，我感到世道变了，我和我身上这曾经风靡一时令我骄傲的军装眼下都成了过时货。正在跳舞的人们已经穿上了高跟鞋、喇叭裤、尼龙衫，烫了头发，手腕上戴着电子表，大概还有人在说英语。

回到部队，王朔放弃了入党申请，也不抢着打扫厕所学雷锋了。他跟军队领导说他有路子买到日本产的彩色电视机，于是揣着3000块钱，去广东倒走私彩电去了。再后来，彩电没倒成，王朔复员成了作家。

一些老舞迷称，这时跳的“国标”是“中国标”：真正标准的标准舞，应该在“三点”用力，即手、肩和腰腹，以此构成三角形，并且主要靠腰腹用力。但由于男女跳舞时常常距离过远，以致只有手和肩两点用力，下半身常处于摇晃之中，这就使得所有的技术性动作都走了样。

20年后，朱汉雄从广州出差回武汉，与一起出差的同事走在江汉路上。同事们拉着他说，走，到璇宫饭店跳舞去。他排队买票时，被饭店的一位老职员看到了，哎呀，你不是朱书记吗？老职员赶快找到经理说，朱书记来了。经理是过去的大堂服务员，票也不让朱汉雄买了，拥着他们就上了电梯，进了舞厅。还是过去的舞厅，却已经变成了只要花钱买票就能通行无阻的地方，不需要进行政治审查就可以进入舞厅的人民大众正在那里跳舞。他看到，过去的乐队队长苏醒仍在指挥乐队。苏醒一眼看到“外办”老书记来了，向乐队做了一个手势，乐曲戛然而止。全场哗然，这是怎么回事？忽地，乐声又起，是一支欢快、热烈的曲子——《迎宾曲》。朱汉雄怦然心动，百感交集。

乐队还是他50年代大胆起用的那个乐队，演奏员都是60岁上下的人了，他们又重新穿上了夜总会的演出服，洁白的衬衣领口上打着黑色的蝴蝶结。

朱汉雄说，苏醒在新中国成立前也是夜总会的乐手，是拉手风琴的。那天演奏了《迎宾曲》以后，他还小声告诉朱汉雄，当年给毛主席、给中央首长演奏的舞曲，还有给江青演奏的舞曲，相关资料他都小心保存着，一张也没有丢失。

5. 一场肢体解放的斗争

1980年，民间舞会潜行一年多以后，公安部、文化部联合发布了《关于取缔营业性舞会和公共场所自发舞会的通知》，要求“公园、广场、饭馆、街巷等公共场所，禁止聚众跳交际舞”。

当时，根据公安部的调查，全国各大城市均出现了在公园、广场、饭馆、街巷等公共场所男女青年自发聚集跳交际舞的现象，围观群众多时竟达万人，给社会治安带来了不少问题。《通知》将跳交际舞视为“舞姿低级庸俗、伤风败俗”的娱乐项目，坚决要求取缔，并对营业性舞会的主办者依据《治安管理处罚条例》给予治安处罚，严重的以“妨害社会管理秩序罪”追究刑事责任。

交谊舞遭到“严打”的期间，西安还出了个全国闻名的因跳舞而引发的案件。一个叫马燕秦的中年妇女在“严打”期间举办家庭舞会，遂被收审，案件牵涉300余人，成为轰动三秦的特大案件。

经过审理，公安机关认为，马燕秦举办过两次家庭舞会，并与其中一个男的有过一次性行为，判死刑，缓期两年执行。多次参加马燕秦家庭舞会的主要成员，都被判了无期徒刑，甚至连为舞会伴奏的乐队成员惠黎明，也被判无期徒刑。

当时因为举办家庭舞会而被“严打”判刑的案件不在少数。

直到1984年10月，中宣部、文化部、公安部联合下发了《关于加强舞会管理问题的通知》，语气才略微松动，改禁为限。

1987年2月，文化部、公安部、国家工商行政管理局联合下发《关于改进舞会管理问题的通知》，第一次明确肯定了“举办营业性舞会是我国经济发展和人民物质文化生活水平日益提高的一种客观需求”，并要求“各单位要积极为大龄未婚青年和待业人员等组织专场舞会活动，为他们解决婚姻问题创造条件”。

20世纪80年代，交谊舞再次在武钢工人中间流行起来，武钢的各个厂又开始大张旗鼓地搞舞会。当时，武汉三镇的舞厅门票加上最低消费多在10元钱左右，这个价钱对于普通工人来说太贵，所以工人们都盼着星期六赶快到来——一到周末，厂里就会包下舞厅的场地，发舞票给工人，让他们免费进场跳舞。那时，青山最有名的舞厅是武钢工人文化宫和工人剧院。

“记得那个时候，一到周末，我们的厂长就打扮得清爽流了，往衣服上洒香水，打领带，把皮鞋擦得亮闪了的，带头往舞厅里走。”郭雅勋说。那时他们都是一大群同事成群结队地进场，大多是跟熟人一起跳，慢四、华尔兹、踩步、伦巴什么的都不在话下，有时候，舞曲风格突然一变，他们一个车队的年轻小伙子就集体出场跳起迪斯科，周围人会立刻投来既羡慕又景仰的目光——用现在的话说，叫作“秒杀全场”。

有老舞迷在回忆当年交谊舞火爆的情景时说：“单位里一到周末就教跳集体舞，我专门负责调试音响……当时，外面可没什么歌舞厅，我们去菜市场二楼，下面卖萝卜白菜鸡鸭鱼肉的营业时间一结束，楼上就开舞会，很简易的几张桌椅，大家喝点汽水什么的。”据说，当年汉口最有名的舞厅之一——江宫，一般人连门票都难以买到，还有人翻栅栏往里面挤。

江城老舞迷收藏的舞票票根

不过，许多老舞迷也毫不避讳地直言，在那段交谊舞风靡的日子里，舞场里也经常会传出绯闻，离婚率也陡然升高。

为了缓解舆论的压力，曾生出很多趣事。一些舞厅常在墙上贴有告示，规定跳舞双方如果是夫妻的话，彼此胸口的距离应保持在20厘米，如果不是夫妻，则应在30厘米。

法国摄影家玛格·吕布曾拍过一张照片。那是在20世纪80年代初期，一场舞会上，男女学生组成的舞伴全都戴着口罩，彼此间相距很远，旁边的执勤人员还手持电筒立在一旁……王正方在《交谊舞与口罩、警棍及其他》一文中说，虽然他从没看见过舞伴戴口罩起舞的，但他经常看见警察或保安在舞池里逡巡监视，他们手执警棍，不时将警棍毫不客气地伸向男女舞伴的身体之间，以此表示严重警告：舞伴之间务必保持相当的距离！

王正方认为，交谊舞本来是全世界流行的一种普世的娱乐方式和文化现象，交谊舞的起源和主流，从来就是高雅的一种集体舞蹈，它适合世界各民族各阶层，到了现代，它早已不是哪个阶层所专有的了。而非常可悲的是，就这么一个微不足道的交谊舞，引进和正常生根于中国社会，中国人用了整整一个世纪，也折腾了整整一个世纪，更遑论引进德先生和赛先生！历史的前行，就是这么曲折缓慢和艰难。但幸好，历史，它毕竟总是在艰难地蹒跚地前行着。

6. 逐渐消退的热潮

南京小拉的首创人冯京三曾撰文说，一个被奴役的民族，是不会跳交谊舞的，一个没有自信心的民族也创作不出现代交谊舞。中国老百姓在改革开放后，选择了自娱自乐的舞蹈文化，并发展成为交谊舞文化运动，这是和中国数千年的优秀文化积累有很大关系的。因为，舞蹈文化在人类文化艺术中属排名靠前的类别，选择舞蹈文化作为这场文化运动的突破口，意味着选择了一个非常高的起点。如果没有全民主人翁的意识，是不会选择这么高的起点的。

中国现代交谊舞文化运动是新中国唯一的，由群众自发开展起来的文化运动。人民群众在这场自我教育、自我提高的文化运动中，充分发挥出人民群众的首创精神，提高了全民主人翁的意识，展示了他们创建和谐世界的民族自信心。

20 世纪 80 年代开始的新一轮交谊舞热潮，一直持续到 90 年代的末期。2000 年以后，交谊舞的热度才逐渐消退。

如今的交谊舞舞厅里，年轻人已经难觅踪影。“在我经常去的那家舞厅里，我算是最年轻的一个了。”52 岁的一冶退休工人谢芸说，“我去的那个舞厅，年纪最大的一个老爷子已经 93 岁了。他精神很好，对交谊舞也很痴迷，只要他一去，舞厅里的嫂子们都抢着当他的舞伴。”谢芸说，虽然周围她所知道的交谊舞舞厅还有上十家，每家舞厅也都有四五十人长期在里面跳，但这些人大都已经六七十岁了，都是许多年前的交谊舞迷，如今仍然把它当成一个业余爱好，但舞厅缺乏“新鲜血液”——不像20世纪八九十年代的舞厅内，年轻人和中年人占了绝大多数。

谢芸拿出了一大张“一冶老年舞厅”的交谊舞舞票，其中包括30张小票，价格一共是20元。她每天出门去舞厅之前都会撕一张带在身上，就像是多年前的澡堂票一样。“这种舞票现在已经很少见了，很多地方已经换成了卡片式的，我估计再过两年，这样的舞票就要绝迹了。”谢芸说，这家舞厅每天还有两场舞会，上午一场，晚上一场，但上午去的人比晚上的要多——大家已经把跳交谊舞当作早锻炼式的健身运动了。

湖北大学2002届毕业生小陆回忆说，1998年她刚进大学时，学生会也曾搞过声势浩大的交谊舞“扫盲”活动，男生买票进场，女生免费进入。寝室里的姐妹们抱着新奇好玩的心态学了一些舞步，但进了舞场以后，又觉得有些不好意思，于是有些女生学起男步，找同性做舞伴。当然，这种组合很容易被一旁虎视眈眈的男生给拆散。“其实，大学校园里这种交谊舞的作用，有点像‘联谊寝室’，男生和女生之间有了正当的理由接触，很容易凑成对子。”

但据了解，大学校园里的这种交谊舞会也在渐渐消失。武汉市江夏区某高校的学生会干部、大二学生小张说，他们学校也曾经想过在开学时搞场交谊舞会，但没什么人响应，最后不了了之。“大部分同学对此毫无兴趣，觉得这种交友方式早就 out 了。他们觉得，交谊舞是上一辈人的游戏方式，而今，他们可能对街舞更感兴趣。”小张总结道。

如今，中老年人的健身方式也不再单一，他们拥有着越来越多的选择：广场舞、打球、散步、太极、舞剑、户外摄影……交谊舞作为一种历史悠久且流行于全世界的娱乐方式，必然有着它忠实的拥趸，但它再也不可能一枝独秀，重现当年风靡全国的场面——我们也完全不必因此而失落，这恰恰说明，我们幸运地生活在了一个多元化和兼收并蓄的文明社会中。

2002 年，台商赵世崇看上“风烛残年”的上海百乐门，投资 2500 万元人民币恢复了这座老上海舞台，引起社会关注的是它公开招聘“舞师”——其实也就是“舞女”，想借此还原老百乐门的风情。重新开张之日，百乐门前车水马龙，黄包车、香烟摊、掮客、舞女粉墨登场。舞厅还特地邀来当年的老员工：一个歌女、一个乐手、一个先做拉门小弟后当调酒师的老先生，三人斟上红酒，举杯相庆，场面很是让人唏嘘。

此前，我问一个还在读大学的男生："你会跳交谊舞吗？会利用学校扫舞盲的时候找女朋友吗？"他一脸诧异，之后是深深的鄙视："现在谁还用这么麻烦的方法交女友？看上哪个，直接找她要电话号码不就得了！"答案在意料之中，却令人唏嘘：有些东西，你越是禁止，他越是心痒难耐；果真放开了，反而没人理会了——果然是物极必反。

（文/郭丽霞）

美发：头发上的波澜

辛亥前后：剪辫不是一件容易事

1. 男人：剪辫之后

1911年9月17日，扬州师傅张聚年在汉口中山大道上开设了一家理发店，里面有12把椅子。店门前的匾额上写着三个大字“长生堂”，张聚年给自己的理发店取了一个中药铺似的名字，只有一个想法，那就是“求生存”，他希望这个寓意吉祥的名字为顾客也为自己带来好彩头。

当年的他应该没有意识到，长生堂不仅是武汉市第一家理发店，也是有据可查的中国第一家理发店，它终结了剃头挑子走街串巷的历史。他或许更不曾想到，长生堂果真可以见证武汉百年风云，成为当今中国最长寿的理发店。

10月10日，长生堂开张还不到一个月，辛亥革命爆发了，剪辫子一时成为社会风潮——男人们被要求剪掉清廷严格规定必须蓄留的辫子，以示时代从此不同了。

身体发肤受之父母，男人被要求剪掉长辫，还是不情不愿的，尤其是剪掉长辫后，没有合适的发型来取代，导致头发胡乱堆在脖颈里，十分难受，这令男人们更加抵触。

当时政府要求长生堂赶快研究新发型，以顺利完成历史过渡。最后，长生堂发明了“背头”与“中分”两种主要发型。“背头”就是将头发往后梳，后部都剪齐；而“中分”，就是将头发从中间分开，披在两侧。著名的《毛泽东在安源》的画像中，主席留的正是这种发型。新发型令男人看上去精神了许多，对剪辫子也就没那么反感了。

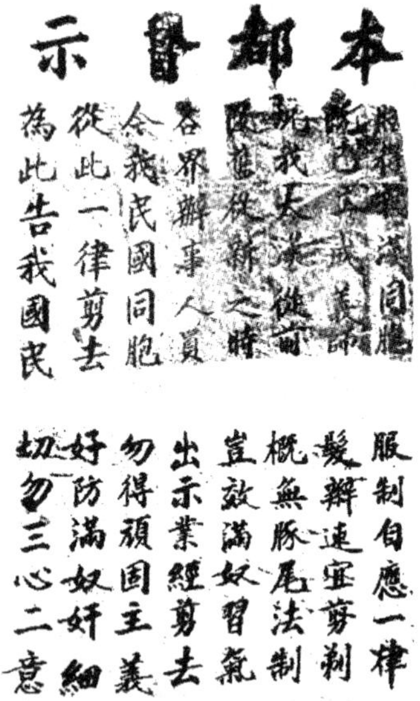
本都督示

際茲改新之時
各界辦事人員
令我民國同胞
從此一律剪去
為此告我國民

服制自應一律
髮辮速宜剪剃
概無豚尾法制
豈效滿奴習氣
出示業經剪去
勿得頑固主義
好防滿奴奸細
切勿三心二意

湖北军政府关于剪除发辫的文告

辛亥革命十年后，武昌高师教员的服饰发式。中式对襟衫圆帽和洋服并行，男士“背头”、“分头”和女士短烫发已成时尚。

喀嚓一下剪掉辫了总还是容易的，可剪掉辫子以后呢？在辛亥革命爆发之初，有外国人预测，帽子在中国会脱销。辛亥革命之后，出现了一篇汉口竹枝词《西式鞋帽》：“先从顶踵别安排，模仿西装处处皆。记得改元初变故，革鞋毡帽遍华街。”看来帽子热销不假，但还不至于脱销那么夸张。在武汉，剪辫客人蜂拥而至，长生堂的理发生意兴盛一时倒是真的。

鲁迅先生对中国人之于头发的关系，独具慧眼，尤其对于清末民初的剪辫行动，所带来的人心震荡有过深刻的剖析。

《阿Q正传》中的“假洋鬼子”剪了辫子，他的母亲大哭了十几场，他的老婆跳了三回井。补救的办法，便是弄回一条假辫子，但因这假辫子，连阿Q那样的人也可骄傲地蔑视他。在《头发的故事》里，N先生留学时图方便剪掉辫子，因为是在辛亥革命之前，被人议论为有杀头之罪，差点被本家告官。辛亥革命之后才没人敢骂他。文中N先生感叹自己因为一条辫子，在经历了如入冰窖之中的生活遭遇之后，说道：“现在你们这些理想家，又在那里嚷什么女子剪发了，又要造出许多毫无所得而痛苦的人！已经有剪掉头发的女人，因此考不进学校去，或者被学校除了名。”

可见，辛亥革命前后，不仅男人剪辫充满戏剧性，连女人剪短发也是相当有争议的。

2. 女人：剪发口水战

小说中的故事并非鲁迅先生杜撰，在现实中是“有案可查”的。五四运动之后，成都一家理发店进来一位女学生，面对她剪短头发的请求，理发师感到很是为难。当时理发店没有女人光顾，理发师不知如何设计女士短发发型，只好按当时最流行的男发样式“拿破仑”头来剪。

剪短发的是成都实业女子学校学生秦德君，当年男女不同校，她常去男子高等师范学校开会，为出入方便，她才做出剪发之举。另一位女学生钟复光也剪了短发。之后陆续有女生剪了短发。

秦德君等人的行为却被守旧的人看作大逆不道、有伤风化。一位剪短头发的女学生被母亲强迫出嫁，而秦德君则被学校开除。1921 年，秦德君和好友在重庆为当地女学生作了“女子剪发”、“妇女解放”的演讲，她们别具一格的新发式引来众多女学生效仿，学生们还排演新剧《剪发辩难》以示支持。1921 年 7 月，在四川军阀把持下的成都警察厅发布《严禁妇女再剪发》的告示，声称：“今日妇女每多剪发齐眉，并梳拿破仑、华盛顿等头式，实属有伤风俗，应予以禁止。”

不过，当年大多数女孩的发型，还是沿袭传统，受辛亥革命和五四运动影响较少。未出阁的女孩一般喜留“灯笼刘海头”，编一条长长的麻花辫；出阁的女人则将头发盘成圆髻，插上簪子，再罩上发网，俗称为巴巴头。武汉收藏界名家肖琴学收藏有一款明末清初的女性发饰“五福拜寿”，居中是一个篆体的寿字，旁边是五只黑色的蝙蝠（福气象征），可以一窥当时女人的审美趣味。

那时的女人头发讲究乌黑发亮、一丝不乱。在武汉，有条件的武汉女人多用皂角洗头，平常擦美人蕉（从植物美人蕉中提取的油脂）；没条件的，过早时，顺手将油条、面窝上的油在头上抹两把，也算是护了发。在上海，女人爱用刨花水护发。刨花水又叫粘头树，上海人叫凝刨花。据说，用刨花水护发头发很黑亮，容易定型，还有淡淡芬芳。

三十年代：大都市卷发当道

1. 汉口：头发袭起洋味

武汉华中科技大学老师、离休干部高治已经81岁了，可是她的声音依旧婉转。她清丽中带几分娇柔的声音，将我们的思绪拉回到20世纪30年代的汉口。

“我母亲家是个大家族。新中国成立前，出入我家的亲朋好友也多是政府高官、商业巨头等社会名流。我母亲、姨妈、姑妈都是盘发髻的，她们盘发讲究端庄、大方。当时我家在汉口，家里请有包月的梳头嫂。每天早晨，梳头嫂就到家里来了，为母亲梳理好发髻后，梳头嫂会匆匆告辞，赶往下一家。那时的梳头嫂都是一个人手上有好多家生意。”

那时发髻的式样一般分桃子髻或如意髻，其中如意髻被称为爱司头。此发式看似简单，做功却颇不容易，要有一定的耐心、细心和一份精心。

据说爱司头源于日本，标准的写法应该是S头，就是将秀发用发夹固定成S状，有横S和竖S之分。梳爱司头的女人，才是风情万种的女人。摇

汤唯在电影《色·戒》中的爱司头造型

曳的旗袍，一尘不染的高跟鞋，一丝不苟的爱司头，仿佛李泉的歌里唱的：“黄包车寂静地穿过/亨得利钟表店隐约的算盘声/滴答着时光的价钱/弹落掉老刀牌香烟的灰烬/丁香楼已换了佳人/再没人梳起时髦的爱司头……”

据高治回忆，当年武汉人将女子剪短发称为“耷毛”，称呼中似有几分不屑。但在这一时期，女子剪短发还是被慢慢接纳了，不仅如此，更大胆前卫的烫发也进入武汉人的生活。

20 世纪三四十年代，武汉政治经济地位在全国举足轻重，对外交流频繁，被称为东方芝加哥。中西杂糅的社会环境，使外国女人在武汉街头穿旗袍、盘中式发髻，而武汉女人头顶则卷起了浪

当时烫发与新型的生活方式联系在一起

花——武汉人称为“袭洋味”。

中国人发质硬，一向为直发，要将直发烫起波浪还真不是一件容易事。武汉理发师刚开始烫发时，甚至出现过头发上飘出煳味的糗事。

1928年，位于中山大道合作路口的世界理发店，聘请陈保泉等名师，推出钳烫，武汉女人头上首现波纹。1933年，白俄人彼得在汉口俄租界开美容院，首度将电烫技术带入武汉。

因为身处法租界，不少法国人来店理发，来店的武汉女人图新鲜，有时也提出理个“洋头”。为满足中外顾客需要，长生堂的师傅也开始潜心琢磨烫发技艺。没有烫发卷筒，就把婴儿的洗奶刷改良了投入使用。为在烫发中掌握火候，师傅们就去观察电熨斗为什么既能烫平衣服，又不烫坏衣服。

当年长生堂的发型师，在工具缺乏的情况下，另辟蹊径，仅仅借助原始的吹风机，用手指与梳子，就可将女子的头发整理成波浪状，堪称理发界一绝。谁会想到，长生堂最著名的手指烫发技法就是这样诞生的。

那时，长生堂有一位名师叫周子善，绰号高鼻子，此人据说排场最大，剪头时需有四五个徒弟在旁边伺候着，中间渴了喝水，递过来的茶凉了，当时就把茶杯摔了。不过，周子善脑壳灵光倒是真的。

他那时常到附近的维多利亚电影院看电影。当年美国影片《出水芙蓉》来汉公映，片中女主角扮演者伊蕙莲丝的发型，令周子善印象深刻。

看过电影后，周子善便参照伊蕙莲丝的发型，针对中国妇女的特点，设计出一款发型，取名“泳式上旋”。此发型一出，在武汉风靡一时，而且波及全国。当年国产影片《一江春水向东流》中的舒秀文、上官云珠扮演的王丽珍、何文艳两个人物，都是梳着这种发型。

1938 年，武汉沦陷。令人意外的是，日本人因为视理发为与“头脑”相关的事，对理发师比较客气。有时巡街盘查，遇到中国理发师，你只要伸出手去，日本人一摸，如果手上有理发师长期握剪刀形成的手茧，一般都不会为难你。

但是，日寇据汉期间，限制民用电，这对武汉理发行业是一大重创。据《武汉通览》记载，当

图为周子善发明的“泳式上旋”发型

时理发店里的电烫设备几乎停摆。好在汉口清芬路宋春记理发工具修理店，发明了一种新的烫发工具——火烫炉，这才使得武汉烫发业得到维持和发展。

生死难料的时期，女人的美却得到最浓烈的释放。改良旗袍、高跟鞋外加一头波浪卷发是当年武汉女人最经典的装扮。女人冒死求美，此时武汉男人则是兼收并蓄，有穿中山装的，也有穿西装的。男子剪“中分”为多，但不再像清末民初那样完全“中分”，而是“偏分”为多，梳“分头”、穿西装、戴礼帽、拄文明杖成为一种潮流。

时局动荡，理发店里倒是人来人往、十分繁

忙。这背后的导演，是死亡与战争也无法泯灭的对美的渴望，还是在无常世事里抓取一丁点实在东西的绝望，谁也说不清。

尤其是在1937年，南京沦陷，武汉成为临时首都后，武汉三镇特别是汉口人流量激增，除长生堂外又有多家理发店开张。其中，德记、华安、香港、世界等大型理发店，由于擅长打理女发而生意火爆。据统计，当时汉口、武昌两镇的理发营业额达到25.44万元（法币）。当时，中上等理发也不过一次3角，25万实在是个很大的数字。

当时的长生堂俨然成为名流沙龙，达官贵人、租界官员、外国海军、戏剧名角、都市名媛纷纷成为其顾客。蒋介石每次来汉口都要长生堂师傅戴恒贵及其儿子戴友宝，到他下榻处为其剃头。

2. 上海：噱头，噱头，噱就噱在头上

作为对外开埠最前沿的城市，上海人对头发的打理也是相当上心的，为此上海人常讲的一句话就是“噱头，噱头，噱就噱在头上”。

小时候，高治曾跟随母亲来到上海。上海的大户人家，当年也是聘有梳头嫂的，只不过上海人叫“梳头娘姨”。不过，很快，风向就变了，上海的小姐、太太离开“梳头娘姨”和刨花水，喜欢到理发店去打理头发了。

因为理发店越办越高档了，窗明几净，门口还

出现了标志性的三色转灯，有的还在报纸上打起了广告。理发技艺提高也相当快，发式发型花样翻新，上海人讲的“花头经”一语即由此派生。

这时，上海的洋理发店相当多，市场竞争日渐激烈。

有一阵子，“中分波曲”、“三七波曲”、“反包波曲”等洋人创造的西洋发型风行上海滩。上海理发师不会梳理这种发型，为掌握其中奥妙，他们不惜让自己的得意弟子到洋人理发店当“卧底”，偷学技艺，以至与洋人闹出纠纷。

正是在这样的冲突与碰撞中，国产理发店的水平直线上升了。1939年夏，新新美发厅进行重修，面积达300平方米，地板打上蜡，挂上红丝绸窗帘，还设有男女贵宾包房，冷暖空调；所有理发用具、设施都从美国和法国引进，其中有一部当时最先进的克莱姆冷烫机，电烫头发时会排冷气，夏天烫发不至灼热，让顾客感到无比舒适。此外，新新美发厅还配有八部移动电话小车，方便老板、经理们一边理发一边打电话买卖股票债券等。重修后的新新美发厅被当时报纸称为远东第一流美发厅。重修后，新新美发厅在报纸上刊登招聘广告，男女美发美容师不仅要求技术过硬，年龄适中，相貌端正，甚至还要求能用英语对话。

新新美发厅是新中国成立前上海最大最高档的理发店之一，以上这段资料，足以看出它当年的辉煌。

到了 1930 年代后期，理发业在上海发展迅猛，其中尤以淮海路、南京路、四川路三条街理发店最为出色，这三条街分别形成各自的发型流派、争奇斗艳。淮海路大店发式以自然活泼、气质豪迈为主；南京路大店发型多文静大方；四川路大店发型则以大波浪为顾客所喜欢。

20 世纪 30 年代，上海的电影发展如日中天，成为东方好莱坞梦工厂，各类电影公司如雨后春笋般涌现，此时电影公司与高档美发厅的合作，也推动了美发业的发展。

1934 年，颇有实力的上海艺华影业公司要拍一部名为《逃亡》的电影，其中剧组的发型由新新美发厅担纲设计。

到了约定的日子，艺华影业公司大老板黄金荣亲率数十员爱将从南京路下车前往新新美发厅。当大明星袁美云、胡萍、黎明晖、陈娟娟、叶娟娟、袁丛美、金毅、秦桐、王乃东等突然出现时，引起众人围观，不少影迷还激动地喊着明星们的名字。

当时，电影明星是上海高档理发厅的常客。电影明星们结婚，也通常选择到新新、华安、南京等名店美发美容。1935 年 11 月 23 日，芳龄 27 岁的胡蝶与新郎潘有声举行婚礼，新新美发厅为其梳理了一个“云彩髻”发型，头发卷曲层叠，发丝溢彩，整体造型高贵大气。

左图为胡蝶卷发照，右图为阮玲玉卷发照

就像如今定期举办时装发布会一样，当时新新美发厅每年春秋季都要搞两次新发型发布会，将设计出的流行发型向全社会推广。胡蝶、黎莉莉、陶金、高占非等就多次参加新新美发厅的新发型发布会，这些明星们成为新新美发厅的模特，发型照片被挂在店堂墙上，供人参观挑选。

在20世纪30年代，新新、华安、南京等先后为影星设计出“满天星”、“横S”、“长波浪”、“经理”、“飞机”、“派克”、“菲律宾”、“波浪反包”等众多发式，一度风靡上海滩。

到了1940年代抗战中期，上海美发厅也难逃血雨腥风。

当年新新美发厅的美发美容师中，有一名叫周曼丽的美容师，年约24岁，身材高挑，皮肤白净，

1930 年代上海老月份牌上的烫发美女

头上总是梳理着一个漂亮的花纹式发髻。她的美容与女式盘发技术很高，而且不但会讲扬州话、上海话、普通话，还会讲英文、法文，因此，很受顾客欢迎。1940 年夏初，周曼丽接到一个外服电话后出去了，却再也没有回来。

原来周曼丽是一名中共地下党员，当时抗战前线伤员药物紧缺，她通过医院的地下党员以及在教会医院工作的那些老顾客，搞到了一些“紧俏”

和“严禁”外流的药品，并由上海的地下交通员送到苏北抗日根据地。

后来，她的身份被日伪特务发现，由于新新美发厅处于公共租界，不能随便抓人，日伪特务于是将其诱出杀害，并做出情杀假象。

新中国成立初期至“文革”：长辫子和白菜帮子

1. 长辫梢上的白蝴蝶

新中国成立前，高治很少扎辫子。刚解放时，高治进入长江日报社工作。单位里有很多从解放区来的女孩，大都梳两条长辫子，高治跟着她们一起工作，一起跳秧歌，渐渐也学着扎起了辫子。

高治至今仍留存着一张扎辫子的照片，辫梢上的蝴蝶结竟是白纱布。

如今在头上扎白纱是犯忌的事，当年却是一种时髦。高治介绍，抗日战争时期，台儿庄会战后，许多伤员头裹绷带走下战场。当时很多女孩子在头、腿或臂上缠裹白布，以示对他们的尊重。后来，慢慢演变到女孩在头上扎白绸布成为一种时尚，没有白绸布时就用白纱布来代替。一直到新中国成立后，这种时尚还存在相当长的一段时间。

高治烫发也很早。那是在 1950 年，因为外语好，高治从武汉调到广州从事外事工作。当时，单位一度拟派她到香港工作。为便于开展工作，单位给她买了旗袍、高跟鞋，还让她去烫了发。

因为工作调动，她没有去成香港，而是去了北京的《人民日报》，她又和街头的大多数女孩一样留起了辫子。

1957年4月13日高治结婚，“办得很热闹，我们出了海报，请了客，《人民日报》的同事还在礼堂跳舞”。夫妻俩花12元钱在中国照相馆照了相，这在当时可是一笔不小的开支。照片上的她扎着两条辫子，中规中矩的样子。才被中央批评的《人民日报》总编辑邓拓托女儿送来一封信，信中说自己笔墨和心情同样沉重，无法前来，但祝新人幸福，并附诗一首以示祝贺。

山雨欲来，只是沉闷的空气暂时还没有弥漫到武汉。

1958年，党中央在武昌召开八届六中全会，20来岁的武汉理发厅（原德记理发店）理发师江福焱被选为大会服务员，他带着理发工具住进了洪山宾馆。一个多月里，除毛主席外，周恩来、刘少奇等国家领导人都成为他服务的对象。贺龙元帅剪头时还跟江福焱开玩笑，说他的一字胡是经主席特批的，跟着他转战南北，下剪刀可要留神，不能全剪了。

这一年，家住武汉一元路的姚念已经快三岁了，别看她年纪小，母亲每天给她梳头都得变花样。有时给她左右各盘一个髻，扎上红头绳，显得天真烂漫；有时两边辫子梳下来，在齐脖根处左右交叉，显出活泼俏皮；或者给她梳个半蜈蚣或者全蜈蚣辫，有一种小大人般的恬静。

姚念的母亲是幼儿园老师，她不仅喜欢给女儿梳头，自己也喜欢打理头发。小时候的姚念是母亲的小跟班，经常跟着母亲到中原电影院附近的上海理发厅、六渡桥的香港理发厅、扬子街口的万国理发厅，以及长生堂去理发。

那时的理发厅都流行电烫，烫发夹凌乱地悬在半空中，理发师像玩把戏一样，从半空中取下一个个发夹，夹到母亲头上。

姚念最喜欢母亲烫完发，穿上父亲从北京给她买回的布拉吉。“转圈，妈妈。”姚念喊。妈妈就转圈，妈妈笑出声来，发丝闪着光亮，布拉吉飞旋……

2. 白菜帮子和青皮豆

1966 年，“文革”开始，姚念的父母因为“资产阶级生活方式”而受到冲击。妈妈不再烫发，姚念也剪了个运动头。

那时候，莫说烫头，连辫子长了也是要剪的。姚念回忆，“文革”初期，武汉的街巷里专门有人拿了剪刀，一路追剪长辫子。

上初中的姚念留了一排刘海，也被进步同学耻笑。她气不过，拿当年正流行的八个样板戏当挡箭牌：那李铁梅不是也留着刘海吗？噎得对方哑口无言。但之后还是风言风语，姚念只好把刘海搅散，胡乱搭在额头。

“文革”时，长生堂的法国大理石地板被撬开，虎头铜把手也不知去向。55岁的长生堂现任总经理代芙蓉回忆当时的情景，还是一副心有余悸的模样。代芙蓉的母亲在长生堂工作，代芙蓉从小就在长生堂玩。长生堂非常鲜明的欧式风格在“文革”时期显得与主流社会格格不入，常成为红卫兵“光顾”的对象，到最后基本上都被红卫兵打砸抢了。这时的长生堂陈设简单，男女发型也求简单，女的无论老中青多剪一头被称为“白菜帮子”的齐肩短发。男的头型没什么变化，只是在知青中流行剃光头，也就是武汉人说的剃青皮豆。

那时很多知青担心乡下剪头不卫生，于是留长头发回武汉剃个青皮豆，回乡里可以管很长一段时间。网友古三皇人回忆：“当时剃青皮豆在我们同学中十分盛行。知青聚会，几个‘和尚’在一堆，走到哪里哪里亮，边走还边唱：‘知识青年就是我，我是一个青皮豆……’”歌声里有戏谑与调侃，也有无奈和辛酸。

“文革”期间，武汉82家大型品牌理发店被强行改名，上海理发厅被改名为延安理发厅，长生堂改称“二七”，一律取消电子烫发业务，有1026家个体理发店被取缔。

有时候，打压之下，人对美的渴望会愈加强烈。只准留短发，姚念就在家让妈妈剪短头发，让短发显出好看的弧度；长生堂被打砸的前夜，扬州师傅李兆华将13张虎头图案的狗毛垫子藏在了店堂墙壁的夹层里，使之逃过一劫；最幸运的是高治，“文革”时，她竟然在王府井大街有名的四联理发店烫了头发，也没人批她斗她。高治回忆说，当年在北京，因烫发受冲击的只是一小部分人……欲加之罪，何患无辞？她本身不在受批斗之列，美的愿望就这样在夹缝中得以保全。

“文革”后期，武汉放开留长辫。姚念当时参加军训，班上有个女生，辫长及膝盖，也不愿剪。因为担心吹起床号后再梳头来不及，她就每天半夜三更爬起来梳头，乐此不疲。

改革开放以后：头顶上的风景

1. 林青霞的长发和山口百惠的短发

改革开放之初，在上海、武汉等大城市，烫发全面开禁。

1979年，刚刚技校毕业的李念到长生堂去烫头。她怕别人说笑，只敢烫刘海和发尾，回去后又把发尾束起来，像两个绒毛球靠在耳边。虽然不习惯，她还是很兴奋，特意到照相馆照相留念。照了一张，不够，又去照了一张。

不过，一直到1981年，她参加工作时，才去烫了一个满头花。那时，李念烫头专找老师傅，因为只有老师傅“文革”前学过烫发，年轻人根本不懂烫发是怎么回事。

高治也对改革开放之初武汉人的封闭保守记忆犹新。1983 年，高治和丈夫一起，来到华工组建新闻系。那是 1983 年的一个冬日，她穿着一套呢子制服，足蹬高跟鞋，头上烫着大波浪卷。当时她的打扮在华工老师之间是相当出位的了。

代芙蓉的说法应证了李念的心思细密。改革开放之初，长生堂技术上出现断层，为了鼓励人才冒尖，长生堂在店里推出评级制度，推出特级师傅，又和德国一家理发店建立合作关系。烫发统一采用 52 根杠子，保证不漏烫，由于服务好，长生堂很快就生意兴隆。

走过最初的忐忑之后，人们开始跟风、模仿了。喜欢林青霞的清纯时，满街都是长发；听迪斯科女王张蔷的歌，街上就多了爆炸头；看了《血疑》，街上又随处可遇留着短发的“山口百惠”。

男人也一样，迷上了秦祥林的喇叭裤和烫发，大学校园一度流行男士烫发，男大学生纷纷顶着花菜一样的卷发，还自认为时髦，叫女大学生们无言以对。当然，女大学生们以失恋为名，矫情地哼着罗大佑的《穿过你的黑发的我的手》，把头发一会剪短一会留长的做派，也令男大学生们齿冷。

1980 年代，随着中国改革开放的深入，人们对发式开始了新的追求，时尚发型由此产生，其中影响最大的是吹发。男士爱吹三七、四六、中分、

长发飘逸的林青霞曾是许多男孩的梦中情人

老板头；女人爱吹晚装、高刘海、菊花头等。

1990 年代至今，为体制所困，武汉许多老字号理发店关门，却涌现了标榜、椰岛、流行线、可大等新一代理发店。到 2008 年前后，武汉理发店总数达到 2 万多家。

最艰难的时候，长生堂的员工们曾抬着钢丝床，到车站路夜市摆地摊卖童装，瘦弱的代芙蓉曾扛着摄像机为新人拍婚纱摄影照。好在长生堂最终生存了下来。

如今，人们渐渐熟悉这些美发术语：空气灵感烫、离子烫、玉米烫、点染、块染……烫发、染发已

播放《血疑》那些年，街上多了许多“山口百惠”

成为平常事。与此同时，一年最多烫发两次，洗头应用指腹擦洗，这些健康美发概念也已深入人心。

2. 做头是习惯，是情感，也是尊严

曾经风靡一时的盘发，后来因为种种原因沉寂了。但盘发重出江湖后，其既有古典韵味，又具现代元素，与民国初年的盘发已是天壤之别了。

专事盘发的“流行美”兴起于2000年前后，创办人是一对夫妻，男的是广东人，女的是湖北黄冈人。如今，“流行美”店铺在全国至少有三千家。

24岁的韦爱兰是“流行美”的一名梳发师，熟悉的顾客都爱叫她“孟庭苇”。

每天都有顾客找小韦盘发，她的客人里既有房

地产商、银行高管，也有打个麻将、照顾孙子中途路过的嫂子和太婆。

“白领们偏爱古典的法国髻、韩式盘发，喜欢头发有新意的，则来个玫瑰情缘或者一网情深。雅俗共赏的一种头型叫手撕花，盘的头发显得随意大方。不过，有顾客嫌手撕花这名字文绉绉不解其意，随口给它改了个名字叫‘手撕包菜’。”说起发型来，韦爱兰总是如数家珍。

韦爱兰最近自创一个发型，取名“一帘幽梦”，听这名字就够引人遐想的。

采访韦爱兰时，她的头发很夸张地竖起来，卡着一枚名叫“荷塘月色”的发卡，头发上还散布着几颗小星星，构成一幅清远幽闲的图画。

姚念的母亲80多岁了，还在烫头。香港理发厅关了门，她老人家居然找到一位原香港理发厅的老师傅做头发。

现在姚念烫发不太爱找老师傅了，怕他们落伍。姚念看发型师有绝招：先看他们吹头发，尤其是正反手吹头发的水平。好的发型师可以左右开弓，能将两边头发吹得互相呼应；基本功不到家的，两边头发就吹得“各顾各”，完全不搭调。姚念每年烫发两次，半卷不卷时，自己在家卷杠子，或到“流行美”盘头发。

2010年，长生堂管理者根据老师傅们的回忆，重新将店面进行了装修，垂着流苏的吊灯，包铜的大圆镜，气派柔和的沙发，完全是欧式风格。代芙蓉看着，有一种时空交错的恍惚之感。

俗话说，看人装扮，一看头二看脚。头发是细节，穿衣再好，头发邋遢，整个人就精神不起来。代芙蓉说，现在的人很难理解，为什么过去老派的武汉人可以花一个下午一边慢慢和发型师聊天，一边慢慢做一个头。在他们看来，做头是习惯，是情感，也是尊严。

这让我想起朋友所讲的另一个关于青皮豆的故事。1980 年代末，武汉某重点高中，一头发自然卷的男生被老师误以为是烫发，屡遭责备，男生一日有意迟到，着西服、戴礼帽、拄拐杖，一副卓别林打扮，教室外喊报到，老师让他进来，只见他拿开礼帽，头上居然寸草不剩。众人哗然，他却不笑，微微鞠躬，然后，戴上帽子，摇着拐杖，走向自己的座位。

2011 年 9 月 18 日，长生堂举办百年纪念表演，三名女孩的短发被长生堂发型师做成飞碟状，染成红黄褐三色。当她们身上穿着用透明塑料纸制成的“太空衫”，甫一亮相，便引发全场惊呼。

（文/叶军）

（感谢长生堂员工李霞、武汉晚报员工胡永红及武汉图书馆相关人员为本文采访提供的帮助。）

内衣：袒露的新女性

清末民初：被遮蔽的身体

当成群的女孩们在骄阳似火的夏日，穿着曲线毕露的吊带，坦然走在街上时，她们也许不会想到，这种穿着在百年前会面临牢狱之灾。

中国古典审美意识里，美的胸乳，都像尤三姐那样的“葱绿抹胸，一痕雪脯”，含而不露。好的胸乳，是小乳，古人又称丁香乳。所以女子不但不隆胸，反而束胸。

张爱玲曾在《红玫瑰与白玫瑰》里描写过这种古典美乳：“她的不发达的乳，握在手里像睡熟的鸟，像自己的微微跳动的心脏，尖的喙，啄着她的手，硬的，却又是酥软的，酥软的是她的手心。”

从宋代开始直至鸦片战争，社会对女性的控制，逐步加强。女子衣衫蔽体，束胸缠足，一不怕暑，二不怕苦。为保名节，“乳疡不医”，虽死

穿肚兜的中国女人

犹荣。

建立中华民国的人，一般都受过西方教育，即使这样，民国初年，女人的身体也是不能外露的，即使是睡觉，也要穿着长过膝盖的长背心，特别是胸部，必须用布条扎成平胸。

但是，一些追求个性解放的女人开始试穿一种用小马甲代替捆胸的布条。小马甲最初在妓女中流行，随后良家妇女也逐渐效仿，很快成为一种社会风尚。

短小的小马甲前片，缀有一排密扣，将胸乳紧紧扣住，这还是束胸的花样，但追求开放的女子，也能将紧身小马甲演绎出风情来，她们采用轻薄纱料制成背心，外罩网纱，露胳膊现肌肤，因而受到保守人士的攻击。

1918 年夏，上海市议员江确生致函江苏省公署："妇女现流行一种淫妖之衣服，实为不成体统，不堪寓目者。女衫手臂则露出一尺左右，女裤则吊高至一尺有余，及至暑天，内则穿红洋纱背心，而外罩以有眼纱之纱衫，几至肌肉尽露。"他认为这是一种淫服，有"冶容诲淫"的副作用，致使道德沦丧，世风日下，因此要求江苏省、上海市及租界当局出面禁止，"以端风化"。

1920 年上海政府发布公告，禁止"一切所穿衣服或故为短小袒臂露胫或模仿异式不伦不类"，并称其"招摇过市恬不为怪，时髦争夸，成何体统"，"故意奇装异服以致袒臂、露胫者，准其立即逮案，照章惩办"。女子只要穿着低胸露乳，裸露胳膊、小腿的服装，就将面临牢狱之灾。

"裸奔秀"：以解放的名义

然而，仅仅七年之后，一场发生在武汉的石破天惊的裸奔秀就彻底颠覆了这一荒唐的决议，对中华女性的胸部之美也进行了重新定义。

1927 年初，随着北伐战争的节节胜利，国民政府从广州迁到了武汉，武汉一时成为国民革命运动的中心。

国民革命运动的迅速发展，震颤着武汉三镇每一位妇女的心灵。以名妓金雅玉为首的一些妓女们也想参加革命，她们报考了武汉中央军校女生队，但因为她们是妓女而未被录取。她们想参加妇女干部培训班，结果也被轰出了门。正当她们彷徨失望之际，花花公子黄震龙趁机欺骗她们，说学习有什么用，裸体游行才是“最革命的”。无知的金雅玉等误以为真，遂私下商量，准备举行裸体游行。

3月8日，武汉国民政府党政要员、女界领袖和20多万军民在汉口举行纪念“三·八”国际妇女节大会。会后，军民进行了声势浩大的游行活动。当游行队伍经过金雅玉的住处时，金雅玉等人突然赤身裸体，手举彩旗冲进游行队伍。游行的人们惊呆了，队伍开始混乱。但金雅玉她们并没有感到害羞，她们边随着游行队伍前进，边振臂高呼：“打倒军阀！”“打倒列强！”“中国妇女解放万岁！”

政府出台禁止束胸案

光天化日之下，妇女们敢光着屁股在众目睽睽的大街上游行，还有别的什么事不敢做呢？一场规模宏大的妇女解放运动迅速在武汉三镇如火如荼地开展起来，大有一发而不可收之势。广大妇女冲破封建家庭的束缚，大胆追求自由生活，敢于摆脱包办、买卖婚姻的束缚，开展自由恋爱、放脚、剪发、反对束胸等实际行动。

与此相适应的是，武汉各地的妇女协会像雨后春笋一样纷纷成立。在妇女协会的领导下，妇女们走上街头，用集会、演讲、游行等方式，宣传妇女解放。妇女协会还制定了许多和广大妇女切身利益有关的决议案，如要求政府制定妇女保护法、下令妇女禁止缠足、男女教育平等、工资平等等。

3月22日，湖北省政府在《民国日报》上刊载了《取缔妇女缠足条例》，导致妇女运动愈演愈烈。

3月28日，武昌阅马场热闹非凡。汉口妇女协会宣传组走上街头演讲，宣传妇女解放运动。有的年轻女子现身说法，高高地卷起裤腿，光着脚丫控诉缠足给她们带来的巨大痛苦。汉口三分区的顾灵芝在十字街头高声演讲道："要坚决放脚，要坚决剪发，还要坚决反对束胸。束胸是最不人道主义的，束胸是一条毒蛇，它缠着我们妇女的肉体和灵魂。妇女同胞们，你们解了束胸布没有？解了吧，男人没有束胸，我们为什么要束胸？"她越讲越激动："你们看，这就是真正的解放。"说着，她解开纽扣，脱掉上衣，用手托着自己丰满的乳房，高声呼喊道："打倒封建主义！铲除封建思想！"台下的人们山呼地动，呐喊声、笑声、口哨声响成一片。顾灵芝激动得热泪盈眶，振臂高呼："全中国妇女解放万岁！""国民革命胜利万岁！"

在妇女协会的号召下，妇女开始摆脱买卖婚姻，放脚剪发，反对束胸，提倡自由恋爱。

此年7月，国民党广东省政府委员会第33次会议通过了代理民政厅长朱家骅提议的禁止女子束胸案，“限三个月内所有全省女子，一律禁止束胸……倘逾限仍有束胸，一经查确，即处以五十元以上之罚金，如犯者年在二十岁以下，则罚其家长”。

禁锢了中国妇女胸部几千年的布条终于松开，中西结合的乳罩开始流传开来，中国女性终于彻底地昂首挺胸了！

三四十年代：肚兜退场与极致曲线

1. 胸罩的发明与传播

此时，胡适刚刚回国，在中西女塾毕业典礼上，他作了著名的“大奶奶主义”的演讲。他提出：“没有健康的大奶奶，就哺育不出健康的儿童！”

上海刚创刊的时尚杂志《良友》刊出了胸罩专题，介绍欧洲女性胸罩的式样与使用方法。

胸罩当时被称为“义乳”。1914 年美国女子克劳斯贝用两块手绢和一条窄缎带制作了第一副胸罩，束乳而不压胸，而且突出了胸部。

然而西式乳罩与中国传统的肚兜、抹胸大不相同，刚刚进入中国市场时，并未立刻被中国女性所接受。

电影女明星再次成为时尚体验的先行者。据说阮玲玉是最早穿乳罩的女性之一，戴上义乳的阮玲玉胸部显得更加圆润挺拔，与旗袍的曲线结合得近似完美，给后人留下了令人惊艳的倩影。

戴上义乳，身着旗袍的阮玲玉

这种曲线的风韵之美，立即受到新潮人物的极力追捧。女装开始追求性感风情，袒胸露臂成为女性服饰的时尚潮流。

1948年，《女人丛刊》发表文章品赏“女明星的胸部美”，认为“在胸部解放的文明国家里，爱美仕女胸部的美观与否是很注意的一件大事，不过由于先天赋予的不足，或后天保养的失当，因此真正有胸部美的女人还是屈指可数”。而文胸之所以流行，正是因为它既可以帮助缺乏胸部曲线的女性实现胸部美，又可以使女性本来具有的胸部美锦上添花。

旗袍、烫发、高跟鞋、玻璃丝袜成为民国女性最时尚的装扮。城市里的摩登女性不仅不以凸显身材为耻，反而以展露女性身体的曲线美为荣。在她们薄如蝉翼的“改良旗袍”里面，隐约可见女性内衣，女性玲珑有致的身体曲线毕露。可以说，是内衣和旗袍合力将民国女子胸部优美的轮廓表现得淋漓尽致、美丽动人。

1933 年，当时的报纸报道说，“依然有大部分妇女相信使她们美观的方法，便是把胸部弄得平板。有时，这是表示她们是贞节的妇女”。但“这种谬见在开通的妇女中大都没有了”。

2. 令作家感叹的新女性

广告总是能第一时间反映时代的审美动向。在 20 世纪三四十年代的招贴画、月份牌中，出现了半裸美人，她们以薄纱、布帛略盖胸部，呈现出丰腴性感的审美趣味来。其中的一张，女性穿着红色裙子，酥胸微露，手挽轻纱，究竟是何广告已未可知，而其裸露的尺度，照现在的眼光看，也算大尺度了。

翻阅 20 世纪三四十年代的《武汉日报》，其中关于女性保健品、药品、香水、香皂等洗浴用品的广告中，女性穿着露肩露背袒胸的图画比较普遍。据说，当时还有很多广告商以西洋名画中的裸女为基础，换以中国美人的头部，以招揽生意。

丰盈而裸露的时尚女郎成一时风尚

1946 年第 6 期《电影画报》刊登了一则广告："精工制裁，美观大方，如不满意，随时可换。"广告上的女子双手交叠放在披肩的卷发后面，展示了戴着乳罩的双乳。1940 年代风气更加开放，乳

老广告中袒胸露背的新女性形象

罩渐渐为上层社会女性和时髦场所的女性所接受。在妇女杂志《玲珑》上还出现了介绍假乳的文章，并将其称为“愉快的欺骗者”。

五十年代到八十年代：从禁锢到“三围”

1. 越南电影中的形体美

20 世纪 50 年代是旗袍最后的辉煌期。今天我们重新审视当时穿旗袍女子的老照片，我们惊诧那种从骨子里流淌出的美丽。我们无法知道旗袍下面究竟穿的是怎样的内衣，但是我们却可以感受到旗袍与内衣磨合得非常协调，因为旗袍将女子胸部衬托得饱满、圆润，丝毫看不出内衣的痕迹。

然而，受意识形态的影响，当时人们崇尚劳动和朴素之美，乳罩、旗袍、丝袜、高跟鞋等表现女性性感的服饰逐渐被禁止。

如今 70 岁的李紫云当年是江岸区楚光楚剧团

的当家花旦。她记得母亲的胸罩很简陋，当时也不叫胸罩，叫领褂，有点像现在女孩穿的吊带。她母亲从乡里买来最便宜的棉布，自己在家做，带子比她们穿的要宽一些。

李紫云 16 岁时，有一天她出去玩的时候看到内衣商店，觉得很稀奇，想到如果登台表演的时候穿在里面，形体不是更加好看吗，于是她就偷偷地买了一件，白色的棉布、平平的。这似乎成了李紫云的秘密，虽然团里有 20 多个女孩，但她们从不谈论这些事。

1956 年，“三大改造”开始轰轰烈烈地进行，人们的生活也一天天地好起来，流行的色彩也从蓝色、灰色变得丰富多彩了，此时从苏联传入的连衣裙“布拉吉”成为最受欢迎的服装。

那一年，上海女孩喻茵英就是穿着一件自己做的、蓝底白点的“布拉吉”走入哈尔滨外语学院的。她是个高鼻子的、漂亮又聪慧的姑娘，再配上“布拉吉”，立即吸引了全校师生的目光。然而，当时的她并没有什么形体的概念，“布拉吉”非常宽大，她只好在腰部收了一点点。

有一次在学校看一部越南电影，喻茵英问旁边的同学：人家越南女孩的胸怎么跟咱们不一样，那么挺拔？那个女同学悄悄跟她说，人家戴了胸罩，而且胸罩做得可讲究了，像我们纳鞋底一样，一圈圈地匝得很厚。

女星蒋雯丽身着布拉吉

1960 年代初，喻茵英终于有了一件文胸。是她回上海时，在霞飞路上的古今文胸店买的。与李紫云的一样，白色棉布的。

2. 混沌的年代

20 世纪 60 年代的文化大革命是一场空前的浩劫，历史倒退了，紧跟时代的服饰也倒退了，军装大行其道，女子内衣受到过多的压抑。

女性内衣主要是背心、汗衫之类，以及少量的乳罩。如果突出了胸部曲线、乳房轮廓，就会被社会视为丑行、资产阶级意识，处处受鄙视。多数女性只得用束胸布严严实实地裹着，约束它的生长。

到商店里买乳罩，还得小心翼翼捏着鼻子说话，生怕被别人发现。

1970年代改革开放后，服装开始走向新生，乳罩再次出现，不过这时的乳罩做工非常粗糙，全部是棉布，样式呆板，主要起护胸的作用。大商场内衣销售柜台只有三五尺宽，品种非常单调。夏天只有屈指可数的几个款式的棉纱背心，冬季亦然。

1980年代初期，中国女性依然沿袭几十年不变的老款式内衣，女性并没有感觉到自己的身体与男性有什么区别。

当然，这也是由当时的社会环境所造成的。新中国成立后一直强调男女平等、同工同酬，服装上的区别主要是衣领等明显部位，不少女性以身着男性服装为荣，从“假小子”、“铁姑娘”等的称谓中便可见一斑。

至于内衣上的差别，几乎无人强调。想看到1980年代的内衣照片是比较困难的，因为那时人们对内衣非常保守，有谁，尤其是女性敢穿着内衣拍照？泳装严格上也是内衣的一种，只不过属于特定季节、特定环境下穿的内衣。我们从当时的泳照照片中，不难看出保守的意识，身体被遮挡得严严实实，除了领子略低，腿和胳膊必须露出来之外，再没有透气的部位了。

3. 一个时代的隐喻

丁永玲的亲身经历则为这段历史做了生动的注脚。20 世纪 70 年代，丁永玲上中小学，妈妈的思想就是把胸部保护好，不能让人碰，因为那是很令人羞涩的部位。她们当时的内衣相当于如今的男士背心的样式，前面扣扣子。因为胸部大是很令人羞耻的事，所以女生们都拼命地要把胸裹小。

丁永玲有个发小，胸比平常的女生要大，因此非常自卑。每次上体育课，要跑要跳，或者开运动会的时候，她就总是找各种各样的借口不去参加，怕动作幅度过大，胸部跳跃，吸引男生的目光。在那个时候，吸引异性目光是羞耻的。

学生时代的丁永玲就像“假小子”一样，不爱红装爱武装，喜欢的也是样板戏中的女性形象，英姿飒爽。现在想来，那个时候银幕上的女性英雄人物都没有家庭。

而丁永玲的双胞胎妹妹跟她恰恰相反，非常爱美，很小的时候就会给自己烫刘海。1980 年代初期，丁永玲忽然发现妹妹比自己过得快乐，她谈恋爱，跟着男朋友到处玩，而自己只能闷在家里。她想要改变自己，于是报了个湖北省美学学会的培训班。从此之后，女性意识逐渐觉醒了，她说是有着“骄娇二气”的妹妹唤醒了她的女性意识。

丁永玲至今仍记得电影《小街》中张瑜的一

个镜头：张瑜女扮男装，旋转着用长长的布条裹胸。丁永玲说那是对一个时代的隐喻。

电影《小街》剧照

不过，女人们爱美的心已经先于时代变革，在微弱地一点点复苏了。20 世纪 60 年代，喻茵英进入武汉大学任教。当时的上海货在大家心目中就是品质的保证，喻茵英只要一回上海，同事和朋友们就请她带东西：肥皂、火柴、喜糖、伞，当然也包括文胸。有一个同事，胸很大，在武汉买不到合适的文胸，只能在上海的古今文胸店定做。喻茵英一直帮她这个忙，直到七十年代末。喻茵英记得当时买什么都凭票，但买文胸不用，因为那时的文胸都是服装厂做衣服的边角料。

1980 年代，喻茵英女儿的第一个文胸也是在古今文胸店买的，那个时候的文胸已经开始有淡雅的小花儿了。90 年代，喻茵英的女儿去了美国。2011 年 10 月女儿回国探亲时，喻茵英发现女儿还在用那件棉布的小碎花内衣。

4. 抛弃自制内衣

到了 1980 年代中后期，港台的影视剧、流行歌曲以及洋货陆续进入大陆，也刷新着人们对于美的观念。人们开始重新审视服装，以及女性的内衣。“人靠衣装佛靠金装”的民谚被重新拾起。服饰不再是小节，女子内衣也不再是羞答答的玫瑰静悄悄地开。随着与国外的交流增多，内衣开发受到了重视，款式也有了比较大的变化。

20 世纪 80 年代的女孩

与内衣有关的“三围”概念随之出现，并很快被人们熟知。人们终于知道了内衣对女性体型的塑造作用。

那个时候，丁永玲已经参加了工作，她第一次从国外电视剧的女演员身上看到了形体美，女性意识逐渐觉醒了，她不再穿妈妈做的内衣，开始到商店去买了，先用卷尺在家里量好尺寸，再去买。那时的文胸都是白色的，用棉布做个形出来，没有钢丝圈也没有装饰。便宜的几块钱，贵的 20 多块。

后来，内衣的样式、颜色、材质越来越丰富，丁永玲逐渐找到了钟爱的品牌。

如今丁永玲已经成为礼仪专家了，从北京奥运会到上海世博会，到处都留下了她的身影。丁永玲讲授礼仪课的一项重要内容就是如何穿好内衣。有时，丁永玲在课堂上发现有女生穿露背装或者露出乳沟的服装，丁永玲会跟她们说美要有度，也要讲场合，学生下一次就再也不敢穿成这样了。

90 年代到 21 世纪：致命诱惑

1. 对胸部尺寸重新定义

到了 20 世纪 90 年代后期，国内服饰全面开放，袒胸露背不再被非难，反而成为时尚。展示身体曲线，露出迷人乳沟，尽显魅力身姿成了时尚女子们努力追求的目标。

此时内衣时尚开始超越原有的概念，不再仅仅属于闺房，内衣外穿成为了一种时尚。夏日里，骄阳下，镂空服，宛如凝脂的肌肤，千般柔媚，万种风情，传递了多少含蓄的性感。

这时候的内衣更加注重功能与款式的研究与开发，一方面款式不断求新求变，另一方面内衣还注意对身体缺陷的弥补。对于乳房平坦的女性来说可以使用魔术乳罩，乳罩内衬水液，穿戴时可以使胸部增大3厘米，弥补胸部发育的缺陷。还有的乳罩以隐形钢丝做底，托乳效果更自然，使乳房下垂的女性也能穿上开放性的内衣。新技术给女性带来了更多的自信！

20世纪90年代，喻茵英和先生去美国参加孙女的初中毕业典礼，发现孙女买回来的文胸是用英文字母来区别罩杯大小的。而喻茵英在国内买文胸时，都是用卷尺测量的，文胸尺码从二十几码到三十几码不等。他们回国后发现，武汉的内衣店也逐渐抛弃了卷尺测量法，开始用美式的罩杯区别大小。这种做法其实始于1935年，美国华纳公司率先推出从A型到D型不同罩杯的文胸，为全球的乳房形状定下统一的标准。半个多世纪后，中国的女性也开始用同样的方法定义自己的胸部尺寸了。

2. 内衣外穿和真空风貌

21世纪中国流行时装对胸罩处理有两个极端，一方面由于紧身短上衣的流行和中国女性的胸部普遍不那么“理想”，各种造型的功能文胸仍然流行；另一方面，在模特的T型台上，“无胸罩风貌”大为走红。所谓“无胸罩风貌”，说白了就是女性穿着衬衫、T恤、套衫等紧身较薄的上衣时，里面不穿胸罩，其乳房轮廓与乳头形状会比较清楚地显露，因此更加性感。模特在T型台上表演时一般都不穿内衣，这已经成为行业的惯例，由此也影响了生活中的女性。

走秀台上的“无胸罩风貌”

漆婷是武汉晚报的搜美女郎，曾在内衣设计比赛中得过奖。她经常会看欧美的街拍，她发现很多女性为了舒适，在周末的时候都不穿内衣，不久她发现身边也有人“真空上阵”。漆婷认为这是“崇洋媚外”，自己不会去尝试。

漆婷现在在穿的有十多件内衣，有三个固定的内衣品牌，价位在100元到300元之间。

漆婷说与妈妈们比起来，现在的女孩更注重内衣的功能性和美观度。

夏天，漆婷经常会把带着花边的内衣带子露出一点点，或者肩带的颜色与外套颜色混搭或撞色，花一点点小心思就能提升时尚度。

3. 丰胸的努力

身高1.74米的张腾，三围是86、61、90，曾参加过世界比基尼小姐大赛，得了个最佳口才奖，让人哭笑不得。不过通过参加这些活动，张腾逐渐意识到作为女人的优势。以前她是个“假小子”，走路蹦蹦跳跳，说话粗声大气，动作也很夸张粗鲁，接触了那些参加选美大赛的女孩后，张腾很想做个优雅的女人，保持一副好身材，把自己打扮得美美的。

令张腾很苦恼的是她只要一没睡好，或者没吃好，胸就最先瘦下来了，从86缩到了84。她于是采用各种办法丰胸：多吃豆制品，自制木瓜红酒汤，淋浴冲击加按摩，也会在网上找一些丰胸产品来用。隆胸整形也可以，但张腾自己不会去做。

张腾说美好的胸型可以悦人悦己：“往色的方面说，男孩是很注意女朋友的胸的，呵呵。”

张腾还注意到现在有一款晚上睡觉时穿的文胸，可以防止胸部外扩，并且不影响血液循环。她准备尝试一下。

张腾现在在贵阳一家房地产公司做策划，而其职业理想是做个时尚界人士，职业的说法是“时尚界造型的经营者”。

为了成为一个好的私人造型顾问，张腾已经开始着手努力了，帮很多普通人免费做造型，记录她们改变的过程。帮助她们选内衣也是其中最重要的一项。张腾有个客户，个子不高，衣着俗气，胸很大，还非常喜欢穿那种加厚垫的内衣，张腾和同事们都感觉她的胸“简直要掉下来了”。无论别人怎么建议她，她都不听。有一次，张腾带她去选衣服，给她选了一款薄薄的半包文胸，很优美地衬托了胸部曲线，又不突兀，配了一身好衣服后，带她去参加 PARTY，别人都说她变美了。

逐渐变美的不仅是女人的胸部，还有内衣的称谓。喻茵英记得女人的内衣最初叫奶罩，后来改叫乳罩、胸罩，现在则称为文胸。“文”的意思是纹饰。可见，名称的变迁直观地揭示了百年来内衣之于中华女性的功能和意义。

中华女性用了百年的时间，逐渐明了身体之美和内衣的意义

4. 秘密花园

时尚总是先从女性的内衣开始，我们看到越来越多的美丽诱惑的名词："异域风情"、"火辣秋冬"、"红杏出墙"、"绿色时尚"……对于身体的界定也从内衣开始。原来认为露点是丑陋的，现在我们喜欢衣服露出隐约的乳形；原来我们认为内衣应该只是白色的，现在我们想要什么颜色就可以找到什么颜色；原来我们认为内衣只是秘而不宣的东西，到了现在你可以在电视台和一帮嘉宾高谈阔论。内衣代表了愉悦的生活，代表了享受和欣赏自己的身体。

女性们放弃了光板的肉色内衣，穿上加了蕾丝的、卡通的、薄纱的各种装饰的内衣，只是为了给镜子前的自己看。

而在漆婷和张腾的世界里，内衣不仅仅代表亲密而愉悦的生活，也成了她们心情的秘密花园。她们同时都拥有十几款内衣，有时，她们会挑选不同颜色和造型的文胸来表达自己内心的渴望和一些朦胧的、迷茫的情愫。

正如全球著名内衣品牌“维多利亚的秘密”一样，它们畅销不衰的秘密在于“清楚什么时装最适合女性的身体和情感需求”。

“维多利亚的秘密”内衣秀

经过漫长的岁月，文胸从最初的蔽体、保护功能到修身、纹饰作用，一路跌跌撞撞，终于不再是身份和地位的晴雨表，不再“为悦己者容”，而成为了女性情感表达的秘密小径……这也许才是更大的自由。

（文/刘晓宁）

西服：时尚背后的坚持

1. 挥之不去的西服身影

初冬的暖阳，照在绿意未消的汉口江滩上，两岸鳞次栉比的高楼映衬着大武汉的热闹与繁华。江岸上风中摇曳的芦花中，一对恋人相依相拥，小伙子身着紧身深色西装，姑娘身上飘逸着雪白的束腰婚纱，摄影师高举相机，快门按下，留住这对准新人好一幅美与幸福的图画。

无论是浪漫温馨的结婚照，炫彩夺目的演艺舞台，还是紧张有序的职场，西装的身影总是挥之不去，从世界各国政要、社会名流、明星达人，到普通市井平民，西装总给男人增色不少。历届美国总统的标准服装总离不开一身黑色西装，林肯一身裁剪合体的西装，佩戴高沿礼帽，显得庄重睿智和威严。电影演员出身的里根身着西装更显风流潇洒。现任美国总统奥巴马一直以来都以西装革履的标准形象示人，有人说奥巴马是少数几个懂得穿西装的美国总统之一。

从新中国成立初期开始，我们党和国家领导人刘少奇、周恩来等就在外访中穿着西装了，特别是在邓小平视察南方讲话之后，国家领导人也常常穿着西装出席各种重要活动。据介绍，几代党和国家领导人的西装一直都是红都牌的。武汉男人老爱讲究穿戴了，西装（也称西服）是他们不可或缺的行头，也是衣橱中的宠儿。任凭时尚潮流变幻多端，西服总能成为时装界的不倒翁。人有高矮胖瘦，职业各有不同，“西装革履”总能给人平添几分文质彬彬抑或绅士风度。

住在汉口武胜路的退休中学教师王俊杰老先生身材颀长，他说自己一生中的着装以西服为最爱，穿什么样式的服装也不比穿西服“抬人”，粗略一算，他穿过的各式各样质地高低不等的西服就不下十几套。他介绍，新中国成立后，武汉城里占服饰主导地位的一直是中山装，也时兴学生服、列宁装，颜色多见浅灰及藏青色。“文革”中，有人说穿西服是资产阶级情调，西服逐渐鲜见。那时草绿色的军装大行其道，男女通穿，腰上还扎上武装带。

王老师说，改革开放以后，随着思想的解放，经济的好转，西服以不可阻挡的趋势又一次涌进武汉。人们不再害怕背什么坏名声，不再理会有人说三道四，似乎以一种好奇的心理来接受这种并不陌生但又感到新鲜的服饰文化。于是，武汉三镇兴起了“西装热”，穿西装打领带渐渐成为一种时尚。有些人穿西服，袖口上往往带着商标，觉得挺有派。1980年代时，武汉一些人为了玩味，只穿西服上装，下半身穿牛仔裤或是喇叭裤，脚上穿上高跟皮鞋，这一装扮后来风靡全国。

那时的西装对年轻一辈来说，还是个“外行看热闹”的时尚符号。1984年10月《长江日报》一篇《“怡和”店里话西装》的消息可以看出当时人们对西装的认识。文章说：

秋来，“西服热”席卷武汉三镇。穿西装有何优点？笔者走访了具有五十六年缝制西服历史的汉口怡和服装店。八级缝纫技师王德卿说：“西服敞开的领口可以露出漂亮的衬衫、羊毛衫，又不像中山服的硬领高高的卡脖子，后领比衬衫的后领低，袖子也比一般制服略短，不像中山装的领子、袖口不耐脏，因而耐磨些。”一位正在柜台前试穿西装的男青年插话道：“西服纽扣少，扣不扣蛮随便，省事！”旁边一位干部模样的老同志看来很懂点衣着门道，他说：“咱老来胖，穿其他衣服不仅领口系不上，肚子这儿还老鼓出一块，穿西服好一些，粗脖子也好像变得长些了。西服的肩部用衬较讲究，穿起来胸部平坦，人显得利索些。”胖老人的话似乎有点道理。

这里既透露出束缚已久后的轻松心态，也可以看出武汉人特有的化雅为俗的时尚追求。

当然也有庄重的。王俊杰老先生的女婿是湖北省海外国际旅行社的一名导游兼翻译，他说当初接待外国来华旅行团时，看见人家穿西服觉得既新鲜又羡慕，也曾接受过一套外国游客赠送给他的西服，穿上后有种别样的感觉。1980 年代中期，他出国时就曾定做过一套西装，至今还留在家里。他说那时定做一套西服还要排队，前后得跑好几趟。

那时有人学电视里的打扮，系上一根领带，左上口袋插一支金笔，或稍露一角洁白的手巾，上面还缀着一朵小花。大家就在背后喊："许文强——"

提到 20 世纪 80 年代曾风靡全国的电视连续剧《上海滩》中男主人公许文强的扮演者、香港著名演员周润发，他身着西服的形象不知迷倒了多少粉丝，至今，西服仍然是他戏里戏外的招牌服饰。他的西装样式总是追星族追捧和模仿的样品。明星穿西服的形象总是更能深入人心，从老影星赵丹、孙道临，到年轻偶像刘德华、黎明、王力宏、黄晓明，西装让他们显得更帅气，更光彩照人。

西装又称"洋装"，广义指西式服装，是相对于"中式服装"而言的欧系服装；狭义指西式上装或西式套装，其结构源于北欧南下的日耳曼民族服装。据说当时是西欧渔民穿的，他们终年与海洋

《上海滩》剧照，这种形象在1980年代风靡一时。

为伴，在海里谋生，着装散领、少扣，这样捕起鱼来才会更方便。它以人体活动和体形等特点的结构分离组合为原则，形成了以打褶、分片、分体的服装缝制方法，并以此确立了流行至今的服装结构模式。也有资料认为，西装源自英国王室的传统服装。它是以男士穿同一面料成套搭配的三件套装，由上衣、背心和裤子组成，在造型上延续了男士礼服的基本形式，属于日常服中的正统装束，使用场合甚为广泛，并从欧洲影响到国际社会，成为世界指导性服装，即国际服。自20世纪开始，一些专职家庭主妇纷纷离开家庭走向社会，加上妇权运动蓬勃开展，特别是第二次世界大战以后，妇女参加工作的机会越来越多，有的还身居要职和担任国家领导人（如总理、总统、国王）。随着她们地位的提高，她们需要尊严、尊重，力求像男性一样给公众留下一个扎实能干、沉稳老练的好形象。她们于是纷纷效仿男性穿起了潇洒的西装，女式西套装遂应运而生，它一般为上衣下裤或上衣下裙。女式西装受流行因素影响较大，但根本性的一条是要合体，能够突出女性体形的曲线美。

1984 年 10 月 27 日，《长江日报》登载时任湖北省美学学会副会长汤麟先生的一篇《冬夜炉边话服装》，文章考证说，西服似乎完全形成于西欧，其实自法国路易十五开始，西方就已从中国的丝绸、绘画、工艺上汲取着艺术的营养，西欧的服装早就渗透着中国的美学思想了。

2. 老裁缝艺从苦中来

82 岁高龄的李厚宽老裁缝看上去身板硬朗，耳不聋眼不花，闲暇时他常在青山武东街儿子的庭院中拾草种花。当年他为支援武钢建设自告奋勇从汉口来到青山，为数万名工人阶级服务。他说他是做了一辈子西服的人，不知给多少男人做过西服，现在还有顾客慕名找他做手工西服。一位中年柳姓男士介绍说，他当年代表公司参加全国行业系统业余舞蹈比赛，就是在老人家手中定做了一件黑色的燕尾西服去翩翩起舞，最终夺得了第一名。

李厚宽告诉记者，他 14 岁时，经亲戚介绍从老家湖北黄陂农村来汉口法租界大智路一家名为胜华西服店当学徒，师从老板高薪聘请的有名的上海红帮师傅习制西装。他说道，那时当学徒相当于做小媳妇，起早摸黑一抹十杂不晓得几辛苦，三年学徒没拿过分文工资。先从缝制学起，后学裁剪，真是艺从苦中来，能吃苦才能学到真功夫。他说旧社会来店定做西服的都是些有钱有势的人，往往做了套西服，还要做件呢子大衣外穿，再系上领带，脚蹬油光闪亮的皮鞋，很是时髦。他说，旧社会也有像现在这样的追星族，那时不少年轻人也学着电影明星的穿着来依样定做西服，他们往往拿着电影画报来做样子，有美国好莱坞男明星格里高派克，也有赵丹等中国演员。

1860 年代汉口成昌照相铺，汉口本地照相师傅给欧洲人拍摄的西装照。

19 世纪 40 年代前后，西装传入中国，来中国的外籍人和出国经商、留学归来的中国人多穿西装。1919 年后，西服作为新文化的象征冲击传统的长袍马褂，西服渐渐得以流行，并形成了一批以宁波人为主体的红帮裁缝专门制作西装。

清末，宁波奉化、鄞县两地人稠地狭，灾荒不断，农民生活极端困苦，为养家糊口，许多宁波人或单枪匹马，或三五成群从宁波码头出发，前往上海、天津、北京、汉口以及日本等地学习裁缝技艺。他们凭借手中的一把剪刀、一把尺子，剪出了自己一片斑斓的天空，其中很多人成为上述地区的裁缝能手，在浓浓乡情的浇铸下慢慢地形成了一个个小团体，最终结成影响全国的著名裁缝帮——“宁波”裁缝帮，宁波随之也被称为中国的裁缝之乡。因为他们最初为“红毛洋人”制作西服，所以也被称为“红帮”裁缝。

宁波红帮裁缝汉口市商会登记证

3. 汉口红帮名字号

日新月异的大武汉，自150年前汉口开埠，逐渐形成繁华商镇，同时也是时尚之都。武汉与西服结缘是在百年前。据专家考证，1903年，一干宁波人身上别着把尺子、剪子和好手艺来汉口创业做西服，最先他们在法租界车站路一带开了家祥康服装店，坐店经营，结束了街头裁缝拉客量衣的做活方式。之后，宁波帮又开了家怡和服装店，专做男式西服。抗战时期，南京知名服装店首家服装店也迁往汉口。那时武汉的达官贵人、社会名流及洋行职员等都是定做西服的主打人物。正如广东番禺人罗汉在《汉口竹枝词》中所说："西人服尚亦分时，修短秾纤自合宜。寄语效颦须讲究，莫教嗤病笑东施。"生动地描述了西服在汉口流行的盛况。

据史料记载，汉口西服店一半由宁波人开设，其中尤以宁波人开设的"祥康""怡和""首家"为最著。祥康西服店建于1909年，店址在法租界领事街（今中山大道以北的车站路一段）。店主陈章尧，祖籍宁波。陈氏初到汉口，手提包袱沿街找活，人称"包袱"裁缝，因所做服装质量好，手艺精，很短时间就开设了前店后作坊式的小型西服店——祥康西服店。祥康西服店是汉口第一家西服店，它结束了西服裁剪师多年沿街揽活的生涯，标志着汉口服装行业进入成熟期。随着经营规模的不断扩大，原有店铺已显拥挤，陈章尧遂将“祥康”迁至三德里街面，租了间前店后厂、规模较大的铺子营业。

为保证质量，“祥康”长期坚持“不做批量活”的原则。在为顾客定做西服时，每套西服必先订制粗胚，顾客试样满意后再缝制，如有不合格者，当着顾客的面把衣服剪破作废，然后再下料重做。

抗日战争爆发后，陈章尧到了上海，店子由大弟陈章舜负责。新中国成立前夕，陈章舜生病，店子又交二弟陈章禹经营。

怡和服装店1931年创建，创办人为邹佩庭。怡和服装店原开业于武昌，1946年迁往汉口，借用英商怡和洋行的名字，取名“怡和”。店里常年雇用工人约数十人。“怡和”以男服为主，兼做女服。20世纪40年代后期，“怡和”老板邹佩庭曾被推选担任汉口西服业同业公会理事长。

首家服装店专门经营女子西服，初创于南京，抗战时迁至汉口，汉口中山大道下段的姐妹服装店是其前身。1944年，股东拆伙，缝工出身的宁波人方才德趁机接手经营，并易名为首家服装店。

“首家”承制的各式高级毛料女西装、大衣，以毛料考究、造型优美、款式新颖、工艺精湛而闻名。

20世纪50年代末，经过社会主义改造后的祥康西服店与“首家”“怡和”合并，隶属于武汉市服装公司，先在中山大道经营，后迁至江汉路原荣康绸缎号三楼营业，“文革”期间更名为反修服装店，十一届三中全会后，改名为扬子江服装厂。

1980 年被武汉市评为特级商店的怡和服装店

4. 慢工细活

据史料记载，20 世纪 30—40 年代，汉口已形成了一支裁制西服和高级服装的技术队伍。特别是在 1946—1948 年，汉口服装裁剪技术已影响全国，其工艺之精湛、款式之新颖达到了前所未有的程度，许多在本市或其他省市工作的外国人回国，大都要在汉口做一两套西装带回去。西服技术的成熟标志着汉口西服制造业进入了鼎盛时期，涌现了一批有名望的店子和名师。

当时汉口西服店因服务的顾客不同，采用的面料不同，店址所在地段不同，共分为大、中、小三等。大店（即高级服装店）一般开设在汉口保华街以下至三元里一带的租界区内，技艺高超的名师、资金充足的店子大多设于此。店内顾客多为区内各使馆人员及其侨民，洋行、工厂老板以及洋行买办、政府高级职员等，属高消费群体，所用面料偏重高级呢绒毛料。中、小店则设在今江汉路一带，以服务普通小职员为主，除少量的呢绒面料外，大部分为棉织品。大店一般自备有面料，任顾客选料定做；中小店内也摆放面料，供顾客选料，实则需顾客付预付款后，才去买料。无论店大店小，均只经营门市业务。

据李厚宽师傅介绍，西装可分为男西装、女西装和童西装三类。男式西装一般分为三件套西装（包括背心，也称马甲）、二件套西装和单件西装三种。它又可分为美式、欧式与英式三种基本式样。美式西装的主要特点是单挑扣，腰部略缩，后面开一个衩，肩部自然，垫肩柔软精巧，袖口裁剪较低，以便于活动，翻领宽度中等，两粒扣或三粒扣。欧式西装的主要特点是剪裁合体，装有垫肩，腰身适中，袖口开得较高，翻领狭长，大多采用双挑扣。英式西装的特点是垫肩较薄，贴腰，采用闪亮的金属扣，后身通常开两个衩。在这三种款式的西装中，以美式西装穿着最为舒服，而贴身的欧式西装，则适合于身材修长的男性穿着。西装中比较考究的是背后开衩的燕尾服，它原是中世纪马夫的装束，后身开衩是为了上、下马方便。

在20世纪40年代，男西装的特点是宽腰小下摆，肩部略宽，胸部饱满，领子翻出偏大，袖口裤脚较小，较明显地夸张男性挺拔的线条美和阳刚之气，此时的女外套也同样采用平肩的掐腰，但下摆较大，在造型上显得优雅而富有女性高雅之美。

到了50年代的前中期，男西装趋向自然洒脱，但变化不很明显。同期的女外套则变化较大，主要变化为由原来的掐腰改为松腰身，长度加长，下摆加宽，领子除翻领外，还有关门领，袖口大多采用另镶袖，并自中期开始流行连身袖，造型显得稳重而高雅。

在60年代中后期，男西装和女外套普遍采用斜肩、宽腰身和小下摆。男西装的领子和驳头都很小，女外套则较大，直腰长，其长度至臀围线上。袖子流行连身袖及十字袖。西装裙臀围与下摆垂直，长度达膝盖。裤子流行紧脚裤和中等长度的女西裤。此时期的男女西装具有简洁而轻快的风格。

到了70年代，男西装和女外套又恢复到40年代以前的基本形态，即平肩掐腰，裤子流行喇叭裤（上小下大）。女装前期流行短裙，后期则有所加长，下摆也较大。

西装的主要特点是外观挺括、线条流畅、穿着舒适，若配上领带或领结后，则更显得高雅典朴、潇洒大方，真是西装革履，一派绅士风度。

领带是上装领部的服饰件，系在衬衫领子上并在胸前打结，它通常与西装搭配使用，是人们（特别是男士们）日常生活中最基本的服饰品。

领带常能体现出佩戴者的年龄、职业、气质、文化修养和经济能力等，它同其服饰一样是人类独有的文化特征。它的产生受地理气候、生活习俗及审美情趣的影响，也是社会政治、经济、文化发展变化的一种客观反映，同时它作为物质与文化的产物顺应着历史的潮流，在求新求美中，处于不断的演变发展之中。

追溯汉口西服业的足迹，不得不提起一个叫俞凤祥的师傅，他是最早在汉口做西服的裁缝。此人在来汉口前曾拜上海人史英翠为师，满师后即到汉口接做西服。其做法在今天看来属“盗版”，他将成品西服拆散，照原样剪个纸样比着做，裁时各片裁大一点，缝头多留一点，先做毛壳，用大针暂时缝着，经试穿修改后再做成光壳，领、袖和摆缝仍不缝制，复经试穿修改，定型后，再用机器缝好。以后遇不同体型的人，则按此样或放大或缩小。此法后逐步传开，在汉口西服业广为运用。

采用传统工艺制作的西服，也称全毛衬西服。

这种工艺是目前国内外高级定制西服和高档名牌西服首选的制作工艺。这种工艺缝制的西服，不仅衣身合体，穿着舒适，而且西服的外形线条流畅，立体感很强，尤其是西服的胸部成形非常饱满、挺括。由于这种西服的缝制是以手工操作为主，做工十分考究，制作过程耗费的工时较多，选用的面料和辅料都很高档，所以西服的制作成本很高，约为普通西服成本的四五倍。

做工考究的手工西装工序不下数十道，每道工序容不得丁点马虎，入门不久的新手，要想做出来的西服与顾客身材一模一样，穿上后非常合身，必须进行半成品试穿。一般试穿两三次，难度大的需四五次，有时甚至不惜将样衣当场剪掉，为顾客再度免费选料，重新缝制，以求得顾客的满意，借以树立商家的信誉。那时为提高技艺，不论师傅还是徒弟，都苦练基本功。例如，针对西服面料厚、辅料硬的特点，他们往往通过练习“热水里捞针”、“牛皮上拔针”等特殊功夫，来提高运针的速度和力度。

这种细腻与讲究，遗风流传，也从 1956 年 7 月 30 日《长江日报》上的一篇消息中得到印证：

苏联展览馆闭幕的前夕，江岸区服装业技术研究组的同志们，带了四身笔挺的新西服，去请服装馆的苏联专家作技术鉴定。这些西服是江岸区服装业几位有名的老师傅学习贯彻了苏联专家的建议以后做的，其中专家特别看中了一套深灰色条子花呢的西服。这件西服样子好看，针工细致，领子、袖子花纹条条相对，真是挑不出一点毛病。

苏联专家叫人穿起这件衣服站着，自己从正面、背面、侧面仔细观察衣服的式样、针工，又要穿的人来回走动，衣服依然那样平整、合适，不起皱，不变样，最后，他高兴地说："这件衣服真是达到了1956年苏联服装的技术水平。"他并且嘱咐大家："要保持这样的质量，永远按照人民需要的那样去做。"

这件衣服是谁做的呢？是公私合营艾新记服装店老师傅陈国全做的。

5. 时尚之后的坚持

在1984年10月27日的《长江日报》上，时任湖北省美学学会副会长的汤麟在《冬夜炉边话服装》一文中说：

武汉是我国南北服装的交融和总汇地。漫步在武汉街头，从人们五彩缤纷的穿着中，可以看到武汉人民审美性格的多样，感情色彩的丰富和时代所赋予的精神面貌。他们爱北方的豪放，南方的开朗，苏杭的柔静，也爱丝绸之路上的华丽和端庄。他们有敢于坚持本民族审美理想的自尊，也有着面向世界开拓的国际胸怀。这些服装有来自外地的，但更多的还是来自武汉本地各个服装厂家生产的。

这是个精练的概括，也是个美好的预言。近30年后我们回头再来看，街头的西服风采依旧，而很多生产服装的人和厂则物是人非，令人唏嘘。

外形精干的武汉市服装设计师协会秘书长何建强是汉派服装及汉派西服辉煌的见证人。他向记者介绍，整个20世纪八九十年代，本土制作的汉派西服风靡神州。“怡和”、“首家”、“白海记”等名店老树新花、顾客盈门，劲士西服后来居上、独领风骚。劲士公司年产10万套西服，业绩骄人，曾受到省市领导和社会名流的青睐，好多企业单位都来定做礼服或是职业装。知名京剧演员朱世慧时为劲士形象代言人，光头形象首度亮相，广告宣传效果不错。他还介绍，50岁出头的范立祥曾是劲士西服的技术骨干，也是当今武汉手工西服制作数一数二的一把好手。2001年，范立祥拜在日本西服大师今津诚南门下，两年后他在东京参加亚洲手工西服大赛，一举夺得金奖。颁奖时，主办方还误认为他是来自台湾，曾闹出他拒领奖杯的插曲。如今离开劲士西服的范立祥还在另起炉灶打拼自己的西服品牌。

男式西服

说到当下西服的流行趋势，何建强以行家的角度介绍，新上市的男西服在颜色上较丰富，在保持传统的以深色、灰色、驼色系列占主导外，也加入了时尚而清新活泼的蓝色和深紫红色系列等，而白色等浅色系列终因浅薄而退到了边缘。在面料上趋于多样化，多以羊毛、羊绒、兔毛为主。在剪裁上更为修身，充分体现出穿着者的体型，松垮的衣服现已淘汰过时。

男西服款式的变化就像不敢公开恋情的情侣，

总是在悄悄中进行，但近年的男西服即使最粗心的人也能注意到它的某些变化，如把领子设计为“大领”，较夸张的方头垫肩换成了“圆头”垫肩等。设计“大领”的理由是为了与当今世界流行的打大领结相匹配，而换成“圆头”的原因则是让西服显得更为舒适和个性化。另外，西装下摆较以前更为圆滑。男西服的这些小小变化，暗示了时尚界赋予男人更多的关注和期望。

（文/许坤山）

照相馆：慢慢褪色的时代表情

1922年，20岁的俄罗斯犹太青年沈石蒂来到上海，后来他开了一家照相馆。1957年，他离开上海时，行李中有两万余幅他在上海拍摄的照片。2011年，他的儿子带着这些老照片回到上海展出，在上海市外办和以色列驻沪领事馆的帮助下，借助传统媒体和微博的力量，这件事成为一个跨越文化与外交领域的公共传播事件。一些上海人惊喜地找回了自己50多年前的面孔，更多人则发现，那其实是上海一个时代的表情。

而这一切，都源于一个老照相馆。

1. 政客和性工作者的共同需要

1839年8月19日，法国公布了“达盖尔银版摄影术”，后世公认，这就是摄影术诞生的年代。时人写道：“几个月内，欧洲就出现了一种新的行业、新的技术、新的艺术形式以及新的流行玩意。不论是巴黎还是伦敦，两地的光学商店（人们在那里购买各种镜头），以及药房（那里出售冲洗药品）都突然挤满了摄影爱好者，他们急于购买自己的摄影机和感光版……这种潮流及活动，遍及世界各地，仅 1853 年，美国就有一万多人拍摄了三百多万幅照片。1856 年，伦敦大学的课程甚至增开了一门摄影技术课。一种新的行业——一种新的消遣事业诞生了。”

摄影术在中国的应用首先出现在外交活动中。两广总督兼五口通商大臣耆英，1843 年在和英国人璞鼎查打交道时，曾接受了璞鼎查本人及妻女的图像，因此，他认为赠送肖像是外交中不可缺少的礼节。1844 年 8 月，耆英到澳门同法国使臣拉乌尼谈判签约时，意大利、英国、美国、葡萄牙四国官员向他索取“小照”，他很快将一式四份“小照”分赠。给耆英拍照的人是以法国海关总检察官身份来华的埃蒂尔，耆英的照片原作至今还在法国巴黎市郊的摄影博物馆中收藏着。

1846 年，香港的报纸上出现了一则广告：“香港银版摄影和锌版印刷公司有香港及中国（内地）彩色与黑白照片出售。”这意味着商业摄影进入了中国。清代文人倪鸿 1861 年写了一首《观西人以镜取影歌》，洋洋三百余字。诗中说，作者听说有个外国商人在广州城内开了一个照相店，不需绘画，就能取得人的容貌；当地人争相前往拍照，使店主大发横财，以致“日获洋钱满一车”。

埃蒂尔为耆英拍的照片，这是第一位被照相机拍到的中国官员。

摄影如此赚钱，中国人也想学习。咸丰年间，在香港合伙经营油画业的画师周森峰、张老秋、谢芬三人，合资聘请了当地外国兵营中一个会摄影的人传授技术。学成后各投资二百元置办器材，改营照相馆。几年以后，三人分道扬镳，周森峰留香港继续经营，谢芬去福州开照相馆，张老秋回到广州，开设了“宜昌”照相馆。就这样，在摄影术被外国人带入中国以后，在19世纪60年代前后，中国的职业摄影师已在东南沿海城市出现。

到19世纪70年代初，上海已有“苏三兴”、“公泰”、“宜昌”和“恒兴”等数家由中国摄影师开设的照相馆。1872年上海《申报》创刊，第

这是耆英画像，与其本人照片对比可以看出，画像起到的修饰作用更强，但是照相带来的真实感是画像所不及的。

二期报纸上就开始登出《三马路苏三兴照相馆广告招徕》的广告。光绪十年（1884 年）刻印的《申江名胜图说》也记述了当时苏三兴照相馆的情况：“沪上照相馆多至数十家，而以三马路之苏三兴为首屈一指。凡柳巷娃，梨园妙选，无不请其印成小幅贻赠所欢。”

这揭示了一个微妙现象，一种新的时尚出现后，最快将其娴熟运用的，是“柳巷娃、梨园妙选”，用今天的话说，是娱乐圈、社交界和性工作者。

这绝非臆想，上海的妓女是最早大规模享用摄影技术的人群之一，有诗文为证。《沪游杂记》收录的“申江杂咏”中有一首《照相楼》：“显微摄影唤真真，较胜丹青妙入神。客为探春争购取，要凭图画访佳人。”此外还有：“拍照之法泰西始，摄影镜中真别致。华人效之亦甚佳，栩栩欲活得神似。拍照虽无男女分，男女不妨合一桢。留心家内胭脂虎，撕碎如花似玉人。”以及更有喜感的：“摄影之法始自西人，别开生面映出全神。狡哉妓女共现色身，持赠狎客痴唤真真。”

上海“宝记”照相馆为两位妓女拍的照片

1885年，上海张园对外开放，它是沪上著名的公共活动与社交场所，园内设有网球场等设施，又将光华楼照相馆引进园内，其价格是：四寸六角、六寸一元、八寸二元、十二寸四元。

此价格绝不便宜，当时用六角钱就可以在园内的酒楼叫上一斤黄酒，一盘狮子头，再来一碗汤面；二元钱则可以安排若干酒菜，二人对酌了。

当时的上海《图画日报》曾在“上海社会之现象”的栏目中，特别谈到“沪上之业照相者，依最近调查，竟达四五十家，可谓盛矣……而每当春秋佳日，青楼中人喜至张园摄影，取其风景优胜，足以贻寄情人，视为普通赠品”。

旧时的上海张园

妓女喜欢拍照，各家照相馆自然会在招徕这个大主顾方面下大工夫。耀华照相馆曾经推出过“倌人半价”的服务项目，以打对折的方式吸引妓女前往照相，由此可见各照相馆争夺客源的激烈程度。

有学者认为，沪上妓女之所以热衷于照相，除了爱玩、爱美、追求时尚等女性普遍心理之外，或为了留念，或以物寄情，将自己的玉照赠与相好之人，或者是以照片宣传、推销自己。

这是摄影术风月的一面，而这种信息量极大、准确度高的新技术，注定也有它风云的一面。

1873 年，秘鲁派专使来华，拟与中国签订招募华工条约。在此之前，秘鲁已有大批华工受到非人待遇，中国政府早有所闻，但又无实据来回绝秘鲁，于是经办此事的李鸿章就委派容闳去秘鲁调查。容闳到秘鲁后“以迅速之手段，三月内即调查完竣”。随后容闳将报告书及亲手拍摄的 24 幅照片一并封寄国内：“凡华工背部受笞、被烙斑斑之伤痕，令人不忍目睹者，予乃借此摄影，一一呈现于世人目中。……有此确凿证据，无论口若悬河，当亦无辩护之余地。”容闳运用摄影，为这场外交斗争取得了胜利。

1876 年 7 月 15 日，上海日成照相馆在《申报》上刊登了一则广告：

本店现蒙申报馆主托照上海至吴淞火车影像，订于此礼拜日五点钟，携带机器前往停顿火车处照相。惟肖物图形，尤须点缀，敢请绅商士庶前来同照，其形景更得热闹，想有雅兴者定惠然肯来也，特此颁布。

从这条广告可以看出，当时报馆不设专人摄影而是要托照相馆拍摄；又因为当时照相材料感光慢，故不能在通车时现场拍摄，只能早于典礼“前往停顿火车处”拍照。但为了有现场气氛，才邀集各界观众前往“点缀”。这种导演式的拍摄方法，可看出早期摄影师在拍摄纪实照片时的工作技巧。这则报道，是我国早期摄影采访的一个先例。

1893 年，湖广总督张之洞给光绪皇帝的奏折上，附上了汉阳炼铁厂及大冶铁矿等厂矿的内景和外景照片，共 56 张。1906 年大臣桂春上呈的《仓场验米图》，全册虽只有八幅照片，但内容连贯，形象生动地记录了清末南粮北运、入验进仓的过程，后人认为其“具有较高的档案价值”。

1903 年，宫中有了御用摄影师，留下了慈禧扮观音、李莲英扮韦陀的照片。1908 年，袁世凯险些在宫廷斗争中被除掉，他躲回河南安阳北门外的洹上村别墅，请来天津的照相馆师傅，为他拍摄了题为“烟蓑雨笠一渔舟”的一幅照片，并通过当时颇有影响的《东方杂志》发布。他为自己营造了一个悠悠垂钓的清闲形象，向外界表示自己没有政治野心，想终老于山水之间的愿望，终于麻痹了对手，得以保身。

慈禧扮观音、李莲英扮韦陀，后人戏称这是中国最早的 Cosplay。

袁世凯的“烟蓑雨笠一渔舟”照片

到19世纪末，上海照相业已有一支技术力量相当强的队伍，出现了“宝记”、“耀华”、“英昌”、“同生”四大著名照相馆；而在武汉，又是怎样一番情形呢？

2. 显真楼与品芳的命运变奏（上）

武汉第一家照相馆，是1872年一位广东人在汉口黄陂街附近回龙寺开设的荣华照相馆，此后一位庄姓江苏人在附近开设了照相馆，有个日本人在武昌黄鹤楼旁也开了一家照相馆。

这时，一个聪明的湖北人严添承登场了。《武汉文史资料》上曾对严添承的发达之路有过生动的描述。

严添承是葛店人，专在武昌黄鹤楼附近以卖字画为生。他看到日本人的照相馆生意红火，便萌发了弃画从影的念头。他设法在日本人的照相馆隔壁租下一间房屋，想通过这间房子板壁的缝隙偷学技术。怎奈人家防范甚严，无从窥视，只好另寻门道。于是，严添承利用自己和那位日本人都是信奉“福音教”的教友关系，互相交往，并以教日本人学习中国画为条件，向他学习照相技术。其他手艺倒容易学到，只是显影药的配方这项关键技术，日本人不肯传授给他。严添承趁日本店主不在的时候，暗中先把几种药的数量称了一下，等日本人配过显影药以后，再找机会把剩下的药重量再称一下，根据所少的分量来求得一个完整的药方。严添承就这样暗中留意，偷偷学艺，在将全部技术掌握后，于1881年投入本金200元银元，在黄鹤楼旁开设了显真楼照相馆。

经过辛苦打拼，显真楼的生意终于后来居上，超过了日本人的照相馆。此后，显真楼照相馆的摄影技术不断提高，业务范围也日益拓展，由原来的仅限于室外拍照，扩充到室内的玻璃棚拍照，新增了室内照相业务。

经营稳定后，显真楼又得贵人相助，此人乃清末湖北教育界的风云人物梁鼎芬。梁鼎芬原为湖广总督张之洞的幕僚，后被张委任为两湖书院监督，又署理武昌知府、武昌盐法道，后来成为学务处提调，全面管理湖北的教育行政。一个偶然机会，显真楼为梁鼎芬拍摄了一张全身肖像，陈列于橱窗中。梁鼎芬对这张个人肖像大为满意，认为显真楼的肖像成像清晰、形神兼备，技术上乘，于是对显真楼的业务大力扶持。

当时湖北的大中小学堂都在梁氏的掌管之下，而毕业生都要办同学录，同学录上的集体照片和单人照片是必不可少的，这些照片梁鼎芬规定都必须在显真楼拍摄。梁鼎芬又曾亲笔书写了一副对联赠与严添承："孝友人家多厚福，江山佳处想当年。"严添承将对联悬挂在店堂内最显眼的地方。由于显真楼与梁鼎芬的这层特殊关系，显真楼就声名鹊起。加之梁鼎芬的弟子众多，均分布于政界要津，他们效仿乃师，对显真楼的业务照顾有加。一时之间，显真楼的照相业务无人可及，成为名重汉上的摄影业巨头。

辛亥首义周年庆典之时，显真楼专门摄制孙中山和黎元洪的照片，大量出售，深受市民的欢迎。后来，宋庆龄、廖仲恺、何香凝、吴佩孚、蒋介石、胡汉民等都在显真楼照过相。在20世纪20年代的《武汉指南》上，显真楼做了一则广告，称该馆创建30年以来，“应用欧美新法，馆主亲赴日本，历访专师，参观名场，实地考察最新的照法，并购东西文书籍，随时参考”。

此时的显真楼，有一幢新建四层楼房，雇工多达30人，积累的资金高达10万银元以上，成为当时武汉仅有的几家大型照相馆之一。

就在显真楼成功之时，“品芳”也悄然起步了。

品芳的创始人李炳声是江夏人，他的父亲曾在黄鹤楼茶馆内以卖花生瓜子为生，家庭并不富裕。李炳声是家中长子，14岁时在一家印字馆当学徒。做学徒时，李炳声就接触到了照相、修底片、冲晒等技术，却并不精通。20岁左右时，他跟随父亲，在黄鹤楼一带开了一家小型照相馆，赚了一些钱。

1914年，25岁的李炳声在汉口最繁华的民生路路口创立了品芳照相馆，招牌纯银制作，相馆四层楼高。“品芳”二字的由来，据说是李炳声酷爱喝茶，从茶中品出自然芬芳香味；当然也有另一种说法，认为“品芳”二字源于上海的品芳照相馆。

并不太会照相的李炳声，聘请了几位摄影师，品芳照相馆就这样开业了。由于地理位置好，再加上投资大，吸引了不少的顾客，每月盈利均在万元以上。

此时，李炳声展露了他不一般的经营智慧。他在统一街街口开了一家当铺，还经营棉花、棉纱商号，并且在六也村买下豪华房屋两栋，作为他的公馆。他怕别人在附近开照相馆与他唱对台戏，就在民生路左边，买下一栋三层楼房，出租给人开酒铺。为了稳定职工队伍，他又在辛任巷买下数栋民房，给店内职工居住。如此一来，这一片地方就全在他的掌控之下。

他出高薪聘请最好的摄影师，并且花重金把店里重新翻修一番，店内共分三个照场：二楼照场是接待一般顾客，设有普通茶点；三楼是高级照场，专接巨商富贾、军政要员，设有上等茶点和盖碗茶；四楼照场是专供团体照，为社会服务。

李炳声每天最早到店里，除了查看学徒打扫店堂内外卫生以外，他还会从一楼检查到四楼，每道工序都要过问，亲自看有问题的底片，如果哪道工序出了问题，就将责任追究到人。李炳声要求，如发现职工与顾客争吵，轻则批评，重则解雇。每一笔生意都会严格按照与顾客达成的协议办理，规定取照片时间，绝不会出现逾期。

工作上对员工严格要求的同时，李炳声在生活上又对他们体恤有加。员工一日三餐由店里供给，不收伙食费；员工一律住在辛任巷民房内，不收租金；职工看病，拿他的名片到普爱医院就诊，不收药费，因为李炳声是该医院的理事，每年都捐钱给医院。当时品芳职工的工资按银元计算，高的每月20 元，学徒每月 1 元，堪称优厚。

李炳声很注重企业形象，每逢过年过节，他会发米票救济穷苦人；炎热天在店门口摆放清凉油、救急水，设医药箱，泡花红茶，方便过往行人。

这是 20 世纪 30 年代拍摄的汉口女人，时尚而有个性。

1938 年武汉沦陷，日商占领品芳照相馆，将其更名为“永清写真馆”，李炳声全家跑到黄陵矶

仿佛是“汉口黄金时代”的写照，1933 年的汉口网球女子冠军徐树敏留下了这张照片，青春洋溢又不失温婉。过了 77 年后，另一个武汉女子李娜得到了网球世界冠军。

避乱，靠家底维持生计。1945 年 8 月，日本无条件投降，李炳声收回了品芳照相馆，并担任汉口照相业商业同业会的理事长。当时的汉口商会会长贺衡夫还亲自送了一块写有“领导有方”四个大金字的牌匾，悬挂在品芳照相馆的店堂正中，极大地提高了李炳声在同行业中的地位和声誉，一时间，品芳照相馆成了同行中的佼佼者。

关于品芳照相馆还有一段轶事：1929 年春，留学归国、当上湖北省财政厅厅长的吴国桢路过中山大道民生路口时，见品芳照相馆的橱窗内挂有一少女照片，照片中的女孩楚楚动人。吴从照相馆老板口中探听到，此女为汉阳铁厂黄厂长之女黄卓群，就读于上海中西女校。吴国桢当即央求做生意的哥哥吴国炳为其牵线。于是兄嫂利用黄卓群放假回汉之际，在汉口美国海军青年会设宴，以酬答黄厂长的支持为由，促成二人相见，两人一见钟情。1930年春，吴国桢和黄卓群在汉口租界教堂举行婚礼。1932年，29岁的吴国桢出任汉口市市长，政声颇著。

3. 显真楼与品芳的命运变奏（下）

新中国成立后，显真楼和品芳的命运，可谓一波三折。

品芳由于技术力量强，在业内有影响力，更重要的是李炳声带来的富有智慧的企业文化，它始终被高看一眼。1951年的《长江日报》曾点名表扬品芳照相馆，称其在橱窗里“用劳动人民的照相代替了那些奇装妖形的美人像”。那时品芳还未公私合营，还是私人企业，显然店方已经开始努力适应新时代的新形势。

相映成趣的是，1949年11月18日，显真楼照相馆经理严喧开（应是严家第三代）在报上刊登《悔过启事》：“立悔过书人严喧开，因带有旧社会封建思想，以致虐待学徒。本月十四日，因叫学徒程国凡冲洗底片迟延一下，我就先用木板打，后以

从 1914 年起，品芳在这里坚守了 90 年，为好几代武汉人保存了值得记忆的瞬间。

小铁尺痛击，致把头打破，伤口四五分，深二三厘，臂并打青，过路王新川君目睹此情，当时主持正义即加批评。我不但不接受意见，反恶言相对，后经武昌公安三分局带局讯问并加以教诲，我才知犯了重大错误，愿意改过自新，去掉封建思想，接受批评，今后决不任意打人，虐待学徒，除负担学徒的医药费，保证今后不发生类似情事，并向王君道歉，特此登报悔过。”

开门不利啊！可是更严重的还在后头。

1951年6月19日至22日，严喧开在报上连续四天刊登了同一则《悔过启事》："本人有意假借职工名义，阻止向志愿军归国代表开展爱国献金运动，对祖国与人民认识不够，酿成严重错误，经武昌联业第一、二基层委员会全体会员进行教育说服，现纠正错误，保证今后对于各种爱国运动工作，决不有上项同类事件发生，特向武昌联业第一、二基层委员会全体职工同志道歉。"

这叫人说什么好呢？此后几年，报上常常可以见到消费者关于显真楼的投诉等负面报道。

与此相反，品芳则节节上升，虽然当时汉口有"启新、国泰、铁鸟、时记"四大著名照相馆，品芳却地位超然，到1960年代，它已经在负责江汉区13家照相馆的总核算了。

"文革"中，大家都没好日子过，"品芳"无奈改名"东方"，即便是这样，它也有"特殊待遇"，可以直接向报社提供摄影稿件。

"文革"结束以后，作为拨乱反正的标志之一，品芳和四季美、老会宾、德华酒楼、五芳斋、长生堂理发厅等武汉人耳熟能详的31家单位一起，恢复了老品牌，这一天是1979年12月8日，这成为当天武汉市民奔走相告的重要新闻。

1983年，商业部以品芳照相馆为依托，成立

这是品芳用多重曝光技术为一位战士拍摄的艺术人像，从战士的军服可以看出，这张照片摄于1955—1965年间。

了中国饮食服务公司武汉照相技术培训基地，它是全国四大基地之一，共投资50万元面向全国招生，总共培训了13届，共培养出500余名优秀的照相技师，从此全国各地都有了“品芳人”的身影。

这一年，品芳可谓“锦上添花、烈火烹油”，当时武汉报界发起了一个“为武汉名店名厂征对联活动”，读者投稿踊跃，佳作频出，其中关于品芳的对联有几幅给人留下了深刻的印象：

“品质优良　留得庐山真面目/芳华灿烂　敢夸江汉好风姿”（作者陈璧）；“品格君宜光汉上/

20世纪80年代，品芳拍摄的女子人像，朴素但不失俏丽。

芳姿谁不识庐山”（作者白雉山）；“一代风流　倩影英姿皆入品/九州生气　春兰秋菊尽含芳”（作者汪诚）；“似我非我　众口品评分轩轾/今夕何夕　一帧芳影纪春秋”（作者李树则）。

20世纪80年代，武汉的照相馆都很繁荣，显真楼也恢复了元气。时人评点：“品芳、启新、硚口三家照相馆擅长人像艺术照；人民照相馆擅长老人和儿童照；大桥照相馆和中山公园摄影社善于拍照风景照；显真楼照相馆的团体照照得好；武汉照相馆善于拍剧照和结婚照；虹桥照相馆擅长花色照；解放照相馆则设有立体灯光布景，备有彩色服

饰，擅长彩色胶卷拍照。”

然而就在这期间，显真楼又遇到一件倒霉事。

那是1982年，一男子拿着自己与爱人的登记相底片，到几家照相馆去翻拍合影照。他说爱人不久前病逝，生前两人没有合过影，他悲痛欲绝，为了表达对爱人的终身怀念，他期望得到一张与爱人的合影照片。但因两张底片厚薄不一，都未翻拍成功。最后他来到武昌显真楼，该店负责人怀着十分同情的心情，表示尽力办到。几天后，该男子在显真楼取到“合影照”，感激涕零，于是写了一封表扬信给显真楼。不知怎么搞的，表扬信到了报社，报社将其编成一个200字不到的“豆腐块”，发表了。

谁知发表后竟然引起轩然大波，该男子所在单位“一群职工”和他死去妻子所在单位的“广大职工”，竟联名给报社写信，称此人是将妻子虐待致死，制造“合影”是为了洗脱自己罪名。报社连忙去调查，果然不假，于是又发表更正，又进行谴责。……最后的结果是，那名男子被判了七年徒刑。

鸣呼，显真楼无端被牵扯进来，真是“躺着也中枪”啊。

不过，荣光也好，倒霉也罢，也就是这几年的光景了，很快，新的变局就要来了。

《武汉市志》记载："1988年，艺术婚纱照兴起，品芳照相馆、大世界摄影中心和皇宫照相馆，以技术和设备优势占据婚纱照市场70%的份额，形成三足鼎立之势。1990年，照相行业经济效益整体下滑，除骨干企业的品芳照相馆、硚口大世界摄影中心技术实力强、经营较好外，其他企业效益下降。商办照相业网点经整合减少至46个，人员增至1330人（主要是退休职工增加）。此时，社会办的皇宫照相馆、银汀照相馆因资金雄厚，技术设备先进，声誉渐起。1990年后，商办照相网点逐年减少，个体照相入室经营，台资港资的大型影楼不断开办，并向连锁店拓展。1995年后，实力雄厚的港台商、外地及本地私营照相企业在汉口六渡桥至北京路一带扎堆经营，开办了非常台北、薇薇新娘、柏芝照相、王开照相等30多家大型婚纱影楼、人相艺术室和儿童摄影室。2000年，社会照相网点约有1200个，商办照相网点改制后，仅存数个。"

台式照相带来的冲击是前所未有的。老牌照相馆强调"五光三调"，要求拍出人的精气神来，在化妆和造型上就显得有点迟钝、老派，例如拍黑白照的时候，师傅会要求顾客把嘴唇抿湿，以更有光泽感。可是台式照相却有专门的营销小姐和化妆师，又会设计各种造型，让人妩媚动人，后期的制作更是迎合了人们希望年轻漂亮、追求完美时尚的心态，因此受到人们的喜欢。

踉跄中，老牌照相馆纷纷迎来了自己的黄昏时光。它们无一例外地走了相似几步：不景气——承包——继续不景气——改制——还是不景气——改股份制（出售、拍卖）。

先说显真楼。经过好几年的挣扎，2000 年，显真楼将位于中华路路口、经营了近一个世纪的 500 多平方米总店店面出售给一家私营企业，自己则迁移至水果湖步行街的分店继续营业。如今，在武昌水果湖一带，人们仍可看到显真楼，店面虽然狭小，招牌上“显真楼”三个白色的繁体大字却格外显眼，据说这三个字出自清末一位进士的手笔，百年未变。

品芳也从它坚守了 90 年的民生路口撤退了，在 21 世纪的一天，它搬迁到了幽静的解放公园路上。经过百年的淘洗，两家老店似乎又回到了自己的原点。

4. 一位大师的“镜头人生”

王福成是品芳培养出来的“中国摄影大师”，如今已经单干，看他的自述，正好涵盖了老照相馆从辉煌到顿挫的历程。

1972年，我19岁，从财贸中专毕业，就幸运地分配到武汉照相馆做了一名学徒，两年后调入品芳照相馆。

“照相钟表一枝花，百货洗染也不差，财政银行牡丹花，煤炭理发豆腐渣。”这是当时的社会俚语，反映了当时社会上几种职业的地位。

我没有任何背景、后门，不过我读中学时就喜欢照相，还省吃俭用买回一台放大机，在屋里搞过洗相。

“品芳”是武汉著名的老字号，高手云集。当学徒的第一年，依行规是不能摸照相机的，而且“高端”一点的照片，顾客都会要老师傅来照，没有学徒的机会。

不过我有办法：师傅们下班后，夜班缺人，我就顶上去。当时要换户口簿，人人要照登记相，我就揽下这活，天天照到晚上10时多。我还背下师傅们的“轮休表”，谁休了，我就主动要求顶班。后来，我提出“看守店堂”，干脆住进了店里。我还曾经自掏腰包为顾客买单，条件是让我来给他们照。

也算是“天道酬勤”，1978年，我在专业杂志上发表了第一幅作品《贯注》；1982年4月24日的《长江日报》上报道了我，是一张我在工作时的照片，图片说明是“品芳照相馆优秀服务员王福成，擅长结婚艺术照，他热情为顾客做好拍照前的工作”。1986年，武汉照相行业首次在全国获金奖，那是我拍的《蓝色的梦》，再后来得奖不断。1992年劳动部授予我“国家高级摄影师”荣誉称号。2000年，我被评为全国20位“中国摄影大师”之一。

我永远不会忘记是“品芳”培养了我，我也认定了“品芳”是我的归宿，没想到她也衰落了。我曾经承包“品芳”的人像经营部，努力想为她做些什么，但是市场经济大潮太无情了，老的体制和观念也太僵化了。我曾经提议把我们几个名师的奖牌和作品放在店堂里招徕顾客，于是就有人讽刺我突出个人。

没有办法，到了1998年，我离开“品芳”，在民权路一个小巷里，开办了我的个人影像工作室。你别看这里地方小，条件差，当时可是顾客盈门，一个月就赚了5万多元。

一位熟悉的领导来这里找我照相，他说：“你是品芳培养出来的大师，在这个小巷子里赚钱，岂不是埋没了自己？应该想办法把手艺传下去。”一句话点醒了我，我开始筹备搞个摄影学校。

不过我还是不甘心，于是进军新民众乐园，开了家分店。分店做了几个月，我发现不妙：生意都是老顾客带来的，新的客源没有出现。我开始反思自己：我的基本功是1970年代打下的，手艺是1980年代成熟的，现在已是世纪之交、网络时代，我是不是落伍了？

当时还没有赔钱，但是我果断退出了，按照那位领导建议的，我专心办起了“王福成摄影化妆学校”。到现在，学校已经运行了13年，培训了2万名全国各地的学生。他们中的很多人，现在已经拿奖、创业，有了自己的一片天，我自己也有了一份很稳定的收益。

我拍了40年人像，可以说40年来“美的历程”，都在我的相机里。

1974年，中年人照相要扮成“老农民”，那会儿讲究“高大全”，采用侧光、低角度“烘托”。1991年，满头飞霜的老年人，却充满青春的热望，高镜头和色块对比，揭示了特有的人生内蕴。

1981年，人们照相，多以电话、收录机等“高档品”为道具。后来又流行过复古、绅士、洋派。如今，人们的审美意趣转向“返璞归真”，回归自然、尊重个性。

30年来形象变化最大的还是女人们。

1978年，我在摄影杂志上发表了第一幅作品《贯注》，她有一种端庄、质朴、纯净之美。那时强调的是职业身份，比如医生、工人、军人等，而不是强调个性，更没有丝毫人体曲线的展现；女性的眼神，要么向上、要么向前。

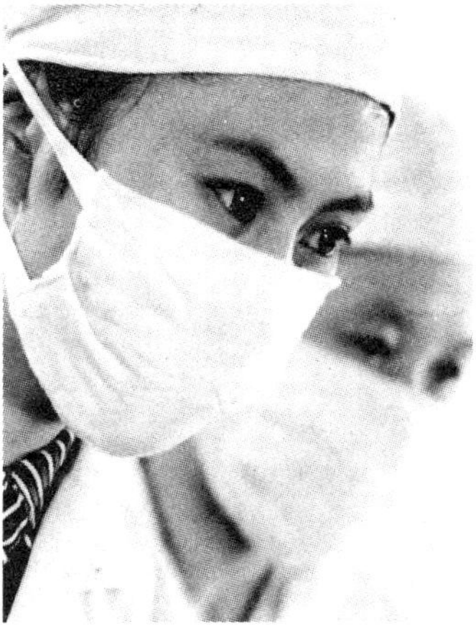

王福成在专业杂志上发表的第一幅作品《贯注》，表现了女性的端庄之美，今天看来，充满了怀旧感。

1982年，一个女售货员找我拍艺术照，那时"品芳"的艺术照是36元一套，共10张。我认为她身材很好，于是建议她"带点衣服来"。她听懂了我的意思，就带了件长睡衣过来。我思考一番后告诉她，我要用电风扇吹开她睡衣的下摆，露出她的小腿、膝盖，还要露一点大腿，她欣然接受了这个想法，这一刻被我定格。今天看，这张照片保守得不得了，在当时却大胆得要命。不过你再细看，她虽然穿了睡衣，却不施脂粉，完全是素面朝天。

到了我在小巷里拍照的1990年代，女孩们喜

1982年的中国式性感。王福成为一位女售货员设计拍摄了这张照片。

欢模仿港台味道，她们的眼神，常常与身体的面向错开，以此表现妩媚、柔美或者迷离、朦胧之态。她们喜欢我的小巷，那些破旧沧桑的外景，更能衬托出青春的魅力。不过现在看来，她们化妆偏浓，模仿的痕迹很重，有点像挂历上的“美人头”。

到21世纪，女性在化妆、造型方面更强调个性，而且她们会要求PS，用数码技术把自己修饰得更美，比如要求“把皮肤处理得柔嫩”。她们讨厌“千人一面”，构图、创意要求更加新颖，要求

20世纪90年代的女性审美观，带着浓浓的港台味道。

避免与他人重复。比如结婚照，除了经典的甜美、浪漫等风格外，也有了动感、幽默和性感风格，出现了镜头俯拍、新郎躺在新娘怀中的构图。她们对于身体曲线的表现也非常大胆。有个女孩，我曾经为她拍过人体写真；后来她结婚怀孕，又请我拍了一组孕妇写真；如今她已为人母，又要我给她拍第三组写真。

现在我除了带学生，还在继续“看”，用我的镜头去“看”，看科技的进步，看时尚的流变，看美的历程！

21世纪的女性自信而勇敢，与王福成合作多次的模特，在自己即将当母亲的时候，又请他拍下了这幅照片。

（文/李煦）

（本文第4部分所配照片，均为王福成先生授权使用，在此表示感谢！）